Linda Clark
Catherine Ireland

Sprechen lernen – lernen durch Sprechen

Linda Clark
Catherine Ireland

Sprechen lernen –
lernen durch Sprechen

Illustrationen von Kerry Millard

Deutsche Bibliothek Einheitsaufnahme – Cip-Einheitsaufnahme
Linda Clark, Catherine Ireland:
Sprechen lernen – lernen durch Sprechen: Spracherwerb und wie man ihn fördert / Linda
Clark, Catherine Ireland. Ill. Kerry Millard. [Übers. aus dem Engl.: Manfred Glück].
– 2. Aufl. – München: Beust, 1998
    (KidsWorld)
    Einheitssacht.: Learning To Talk Talking To Learn <dt.>
    ISBN 3-89530-005-5

2. Auflage, April 1998

© Copyright Linda Clark und Catherine Ireland 1994
Titel der englischen Originalausgabe:
Learning to Talk – Talking to Learn
© Illustrationen Kerry Millard
Zuerst erschienen in Sydney, Australien, bei Bay Books
Deutsche Ausgabe erschienen mit Genehmigung von Bay
Books, einem Imprint von HarperCollins (Australia) Pty
Limited

© 1995 der deutschen Ausgabe:
Beust Verlag, München
Alle Rechte vorbehalten. Reproduktionen, Speicherung in
Datenverarbeitungsanlagen, Wiedergabe auf elektronischen,
fotomechanischen oder ähnlichen Wegen, Funk und
Vortrag – auch auszugsweise – nur mit Genehmigung des
Copyrightinhabers.

TITELBILD: © Bavaria Bildagentur (FPG)
ILLUSTRATIONEN: Kerry Millard
ÜBERSETZUNG AUS DEM ENGLISCHEN: Manfred Glück
für GAIA Text, München
LEKTORAT: Cornelia Richter-Machicao
für GAIA Text, München
LAYOUTDESIGN, SATZ UND PRODUKTION:
GAIA Text, München
UMSCHLAGDESIGN: Markus Härle für GAIA Text, München
DRUCK: Presse-Druck- und Verlags-GmbH, Augsburg

ISBN 3-89530-005-5

Printed in Germany

Inhalt

Schlagwortverzeichnis 7

Vorwort 9

Einführung 10

Lernen durch Sprechen 15
Warum Sprechen so wichtig ist

Von den Eltern sprechen lernen 21
Wann und wie ein Kind das Sprechen lernt und wie Sie
sein bester Lehrer sein können

Brabbeln 28
Das erste Jahr

Die ersten Wörter 33
10 bis 18 Monate

Jetzt geht's los 40
18 Monate bis 3 Jahre

Grammatik begreifen 49
3 bis 5 Jahre

Die letzten Feinheiten 64
5 Jahre und mehr

Von anderen sprechen lernen 67
Einflüsse auf die Sprachentwicklung
eines Kindes

Spaß und Ernst zugleich 67
Die Rolle des Spiels

Rhythmus 81
Die Rolle der Musik und anderer Geräusche

Bücher sind unersetzlich 90
Der alltägliche Umgang mit Büchern

Menschen mit viereckigen Augen 106
Die Rolle des Fernsehens

Sprechen lernen in besonderen Situationen 114
Sprachentwicklung in einem komplizierten Umfeld

Do you speak Deutsch? 115
Vom Umgang mit mehreren Sprachen

Je mehr, desto lustiger 121
Zwillinge, Drillinge und Mehrlinge

Sprache und Verhalten 125
Mit Sprache das Verhalten eines Kindes beeinflussen

Häufige Fragen zum Spracherwerb 141

Checkliste der Entwicklungsphasen 161

Literaturhinweise 174

Register 179

Schlagwortverzeichnis

Ab wann Kinder lesen lernen 98

Aufmerksames Zuhören 29

Das erste Jahr 28–32

Der, die, das 52

Die ersten Wörter 33–39

Dreijährige 49

Erste Wörter 37–39

Erstgeborene 23

Grammatik 51

Grammatikfehler 50

Hören 29

Hörfähigkeit 32

Kinder spielen ganz unterschiedlich 69

Kleinkinder, die spät zu sprechen beginnen 48

„Konzentrierte" Gesprächsatmosphäre 23

Laute und wie man sie macht 60–63

Nachgeborene 23

Natürliche Anlagen.............................. 11

Phantasie des Kindes mit Fragen anregen 97

Spaß beim Windelnwechseln 47

Spracherwerb der Einjährigen.................... 35

Sprachlektion auf dem Wickeltisch 47

Übliche Grammatik- und Sprachfehler 51

Verhalten positiv korrigieren 127

Verstehen 21, 25

Vierjährige 50

Vorausdenken 49

Vorlesen 32, 90–98

Welche Laute wann produziert werden 65

Wie bringe ich mein Kind dazu, schlechtes
Verhalten nicht zu wiederholen? 137–139

Wie man häufige Fehler korrigiert 52–55

Zeit zum Lesen und zur Unterhaltung 96–98

Weitere Suchbegriffe finden Sie im Register.

Widmung

Wir danken all den Eltern und Kindern, mit denen wir gearbeitet und von deren Fertigkeiten wir gelernt haben. Nicht zuletzt wollen wir unseren eigenen Kindern – James, Sarah und Whitney – danken, die uns Gelegenheit gaben, unsere Theorien in die Praxis umzusetzen. Zugleich wollen wir allen Familienangehörigen danken, die uns bei unseren eigenen Lernerfahrungen unterstützt haben.

Unser Dank geht auch an Derek und Greg für ihre Geduld und Unterstützung sowie an alle Freunde, die das erste Manuskript gelesen haben und die uns überredeten, weiter daran zu arbeiten.

Dank auch an Philippa Sandall, die bis zum Schluß zu uns gehalten hat, und an Kate Tully, Leonie Bremer-Kamp und Kerry Millard, die dem Buch Leben eingehaucht haben.

Vorwort

Eine frühzeitige Sprech- und Spracherziehung schafft eine gute Grundlage für das ganze weitere Leben. Die richtige Anleitung kann die ersten Lebensjahre Ihres Kindes für alle Beteiligten zur reinen Freude machen. Sie werden erfahren, wie wichtig es ist, mit den Kindern zu sprechen, mit ihnen zu spielen, ihnen vorzulesen und ihnen einfach immer wieder zu zeigen, wie sehr sie geliebt werden. Seien Sie ruhig ein wenig überschwenglich! Loben Sie die frühen Erfolge Ihres Kindes! Es wird die entsprechenden Tätigkeiten um so lieber wiederholen und um so mehr lernen.

Wir hoffen, daß dieses Buch Ihnen hilft, die vielen natürlichen Talente zu entdecken, die Sie als Eltern haben und die Sie Tag für Tag im Umgang mit Ihren Kindern weiterentwickeln können. Wenn Sie Ihre Veranlagung mit den Ideen verbinden, die in diesem Buch verarbeitet sind, können Sie absolut sicher sein, daß Ihr Kind alle Anregungen bekommt, die es braucht, um sein Sprachtalent und seine Lernfähigkeiten vollständig zu entfalten.

Einführung

Die meisten von uns betrachten das Sprechenlernen als etwas Selbstverständliches, aber alle Eltern kennen die unbeschreibliche Freude – und das wunderbare Erfolgserlebnis –, wenn unsere Kinder anfangen zu sprechen.

Sprechen und Spracherwerb sind die Grundlage für den Erwerb aller anderen Fertigkeiten im Leben. Sprache bezieht sich auf alle Arten der Kommunikation, und zwar nicht nur auf die Weise, in der wir sprechen, sondern auch auf die Art, wie wir zuhören, gestikulieren, lesen und schreiben.

Wenn Kinder die Welt um sich herum verstehen wollen, müssen sie Menschen, Dinge und Handlungen benennen können. Sie müssen verstehen, warum Dinge passieren und wann, und sie müssen auch wissen, wie man Personen und Ereignisse beeinflussen kann.

Untersuchungen der kindlichen Sprachentwicklung haben zweifelsfrei bewiesen, daß der frühe Spracherwerb eine Fertigkeit ist, die dem Kind die entscheidende Grundlage für sein späteres Leben gibt. Wie früh ein Kind sitzt, geht oder wann es die ersten Zähne bekommt, spielt für seine spätere Lernfähigkeit keine Rolle. Zwar müssen Kinder, die erst spät anfangen zu sprechen, nicht notwendigerweise Schwierigkeiten in der Schule haben, aber es ist ausgesprochen selten, daß Kinder, die früh sprechen können, Lernschwierigkeiten haben.

Für Eltern ist es ganz selbstverständlich, daß sie ihren Kindern helfen, sprechen zu lernen. Aber ohne genau zu wissen, wie der Spracherwerb funktioniert, könnte es sein, daß sie ihren Kindern Schwierigkeiten in den Weg legen oder daß sie Gelegenheiten, die sich zum Sprechenlernen anbieten, nicht nutzen. Ziel dieses Buches ist es, Ihnen das notwendige Hintergrundwissen zu vermitteln, Anregungen zu geben, Tätigkeiten und Fertigkeiten zu zeigen, die Sie benötigen, um die Sprech- und Lernfähigkeit Ihres Kindes zu steigern. Es kann nicht die Absicht dieses Buches sein, aus Ihrem Kind ein „Genie" oder aus Ihnen einen Lehrer zu machen. Es soll Ihnen lediglich helfen, die natürlichen Anlagen Ihres Kindes freizusetzen.

Sprechen lernen – lernen durch Sprechen ist für Eltern gedacht, die ihren Kindern – vor allem in den ersten vier Jahren – helfen wollen, früher und besser sprechen zu lernen, als sie es ohne diese Unterstützung getan hätten.

Dieses Buch zeigt Ihnen, wie Sie

- Ihrem Kind das Sprechen in einer entspannten Atmosphäre und auf spielerische Art und Weise beibringen können,
- die Sprache und die Sprechfähigkeit Ihres Kindes erweitern können, indem Sie immer einen Schritt voraus sind,
- den Wortschatz und das Allgemeinwissen Ihres Kindes ausbauen können,
- Ihr Kind ermutigen, gerne zu lernen,
- die Lernfähigkeit Ihres Kindes steigern können,
- die Kommunikation mit Ihrem Kind verbessern können,

11

- und Ihre ganze Familie mehr Spaß an der Kommunikation miteinander hat,
- ganz allgemein mehr Freude an der Entwicklung Ihres Kindes haben können.

Als Logopädinnen arbeiten wir seit vielen Jahren mit Kindern, die Schwierigkeiten mit dem Sprechen und dem Spracherwerb haben, Kinder, die unter anderem

- spät anfangen zu sprechen,
- sehr undeutlich sprechen,
- nicht fließend sprechen können oder stottern,
- sich schwer tun, Gesprochenes zu verstehen,
- Probleme mit der Grammatik und dem Wortschatz haben.

Aufgrund unserer Erfahrung als Logopädinnen – und als Eltern! – möchten wir Ihnen helfen, mit alltäglichen Situationen umzugehen und die Zeit, in der Sie mit Ihrem Kind ganz gelöst und fröhlich spielen, zum Sprechenlernen zu nutzen. Auf diese Weise können Sie Sprech- und Sprachproblemen vorbeugen, die Lernfähigkeit Ihres Kindes steigern und einfach mehr Freude an Ihrem Kind haben. Ihr Kind zu unterstützen ist nicht schwer und kostet auch keine Zeit. Nahezu alle Eltern haben die Fähigkeit und genug Zeit, um mit ihrem Kind zu sprechen.

Linda Clark   Catherine Ireland

Lernen durch Sprechen
Warum Sprechen so wichtig ist

Kommunizieren ist ohne Zweifel eine der wichtigsten Fähigkeiten, die wir während eines Lebens erwerben können. Die Art und Weise, wie wir uns ausdrücken können, hat Einfluß auf unsere zwischenmenschlichen Beziehungen, auf unsere Ausbildung, auf die Berufschancen – kurz, auf jeden Bereich unseres Lebens.

Das Bild, das wir uns von einem Menschen machen, beruht häufig darauf, welchen ersten Eindruck wir von seinem Aussehen, aber auch von seiner Sprechweise erlangen. So tendieren Lehrer häufig dazu, die sprachliche Ausdrucksfähigkeit eines Kindes als Maßstab für seine Intelligenz anzusetzen. Ob wir wollen oder nicht, ein Kind wird, je nachdem wie es sich mitteilen kann, mit dem Etikett „schwer von Begriff" oder „klug" versehen.

Denken Sie einmal darüber nach, wie man kommuniziert. Man muß zuhören, gesprächsbereit sein, verstehen, was zu einem gesagt wird, sich eigene Gedanken machen und das Vokabular und die Grammatik zur Verfügung haben, um sich ausdrücken zu können. Dabei ist die richtige Abfolge der Laute, der Wörter und der Gedanken von entscheidender Bedeutung. Auch Ihr Kind muß all das lernen – nur, um sprechen zu können.

Im nachfolgenden sind einige der wichtigen Dinge genannt, die Kinder lernen müssen, um zu eigenständigen kleinen Persönlichkeiten heranzuwachsen.

Nach Dingen fragen, die man haben möchte

In unserer Praxis erleben wir viele kleine Kinder, die nicht in der Lage sind, um ein Getränk zu bitten oder nach einem

Spielzeug zu fragen. Sie behelfen sich damit, daß sie auf etwas zeigen, an ihren Eltern herumzerren und schreien. Die armen Eltern können dann nur raten, was der Nachwuchs will. Sowohl die Eltern als auch das Kind fühlen sich dadurch erschöpft und frustriert. Um wieviel einfacher wäre es, wenn das Kind sagen könnte: „Bitte, trinken!"

Nach Informationen suchen und dabei etwas Neues erfahren

Als Eltern sind wir alle gelegentlich überfordert von der ständigen Fragerei der Zweijährigen: „Was ist das?" oder der Drei- und Vierjährigen: „Warum?" Das ist aber die Art und Weise, wie Kinder herausfinden, was die Dinge bedeuten und welche Mechanismen hinter den Vorgängen wirken. Auf ähnliche Weise fördert Spielzeug, das von einem Kind verlangt, etwas zu tun, die Neugier und den Entdeckergeist der Heranwachsenden.

Über Erfahrungen, Gefühle und Dinge sprechen, die einen selbst betreffen

Wenn Kinder über ihre Vorlieben, Ängste und Stimmungen sprechen, lernen sie, mit ihren Gefühlen umzugehen. Sobald ein Kind seine Empfindungen und Gefühle in Worte gefaßt hat, können wir es viel besser unterstützen, seine Gefühle wahrzunehmen und einschätzen zu lernen.

Kleine Kinder äußern gerne ihre Meinung zu allen möglichen Themen. Eines unserer Kinder versäumte es nie, seine Meinung über die Kleidung der Mutter zum besten zu geben: „ Mami, diese Farbe steht dir aber gar nicht. Mir gefällt der blaue Pullover viel besser!" Und häufig hatte es sogar recht damit! Solche Urteile sind kein Zeichen von Altklugheit, sondern Ausdruck der kindlichen Persönlichkeit, seiner Vorlieben und Interessen oder auch eines Mangels an Interesse.

Wenn Kinder mit sich selbst über das, was sie gerade tun oder im Begriff sind zu tun, sprechen, so kann sie das ermutigen, sich frei über Empfindungen und Gefühle zu äußern. Laut zu denken ist eine Möglichkeit, mehr über sich selbst zum Ausdruck zu bringen.

> Indem Kinder über ihre Vorlieben, Ängste und Stimmungen sprechen, lernen sie, mit ihren Empfindungen und Gefühlen umzugehen. Sobald ein Kind seine Gefühle in Worte gefaßt hat, können wir es viel besser unterstützen und ihm helfen, sich seiner Gefühle sicherer zu werden.

Die Entwicklung sozialer Kompetenz

Wie wir unsere Sprache einsetzen, beeinflußt die Art und Weise, wie andere auf uns reagieren, hilft uns, Freundschaften zu schließen oder Unterstützung von anderen zu erhalten. Wenn ein Ehepartner sagt: „Hol mir die Zeitung!", dann ist die Antwort aller Voraussicht nach: „Hol sie dir doch selbst!" Ein solches Kommunikationsmuster ist für eine Beziehung nicht gerade förderlich. Eine höflich formulierte Bitte hingegen hätte wowöglich den Partner tatsächlich dazu gebracht, die Zeitung zu holen.

Ein Kind kann lernen, wie es durch Sprache positive Kommunikation einleitet. Es ist nicht unwichtig zu wissen, wie man Freunde grüßt: Ein quer über den Spielplatz des Kindergarten geschrieenes „Hey, Du!" wird kaum einen Gleichaltrigen zum Spielen veranlassen.

Ein anderes Kind zum Mitspielen zu bewegen ist aber nicht das einzige Lernziel. Ein Kind muß mit Hilfe des Sprechens verlangen können, daß es an die Reihe kommt, es muß seine Bereitschaft zu teilen anbieten können, es muß lernen, in einer Unterhaltung einen Wechsel zuzulassen, und es muß bereit sein, kooperativ zu spielen. Kleine Kinder können schon früh lernen, Scherze zu machen, andere zu necken oder auch ihr Mitgefühl auszudrücken: „Ach du Schreck, dein Finger blutet ja! Ich gehe schnell zur Lehrerin und frage nach einem Verband!"

Mit Spaß an der Sprache eine Phantasiewelt erschaffen

Die Phantasiewelt der Kinder liefert einen sicheren Rahmen, in dem sie unterschiedliche Arten der Kommunikation üben können. Spiele wie „Vater und Mutter" verschaffen dem Kind die Möglichkeit, verschiedene Rollen auszuprobieren – auch Rollen, die „böse" oder „herrisch" sind.

Ohne eine lebhafte Phantasie und ohne die neuen Ideen, Vorstellungen und Erfindungen, die solche Rollenspiele provozieren, wäre unser Leben ziemlich langweilig.

Eigene Entscheidungen treffen und unabhängig denken

Wenn wir unsere Kinder veranlassen, Entscheidungen zu treffen und Probleme selbst zu lösen, helfen wir ihnen, unabhängig zu denken. Als Eltern können wir unseren Kindern bei ganz alltäglichen Abläufen vermitteln, wie man mit Schwierigkeiten konstruktiv umgehen und Probleme angehen kann.

Wir können ein Problem zur Diskussion stellen und verschiedene Lösungsmöglichkeiten besprechen: „Was möchtest du zum Nachtisch essen? Peter mag Obst; du kannst auch welches essen, es ist aber auch Eis da, wenn du das lieber haben willst."

Das Leben ist voll von Situationen, in denen es keine allgemeingültigen Regeln gibt. Eltern übertragen ihren Kindern oftmals Aufgaben und erwarten ohne weiteres, daß sie den Auftrag nicht allzu wörtlich nehmen und ihr eigenes Urteilsvermögen entsprechend der Situation einsetzen. Wir kamen einmal zu einer befreundeten Mutter und ihrer

Tochter zu Besuch, als diese gerade Toast für das zweite Frühstück machten. Plötzlich klingelte das Telefon und die Mutter rief, während sie aus der Küche lief, ihrer Tochter zu, sie solle auf den Toast aufpassen. Diese befolgte die Anweisung der Mutter genau – sie paßte konzentriert auf, ohne sich davon beeindrucken zu lasssen, daß der Toast schwarz wurde und schließlich zu brennen anfing. Die Tochter traf keine eigenständige Entscheidung.

Es gibt Situationen, in denen es lebenswichtig ist, selbständig zu handeln. Ein Kind, dem man eingetrichtert hat, „Sprich niemals fremde Menschen an!", kann sich in Gefahr unter Umständen nicht trauen, Fremde um Hilfe zu bitten und damit in bedrohliche Situationen geraten.

Entscheidende Schritte in Richtung Lesen

Ist das Sprechvermögen eines Kindes eingeschränkt, wird es viel schwerer den Sinn geschriebener Wörter erfassen. Denn das Geschriebene ist als Erweiterung des Sprechens zu betrachten, und ein Kind mit guter Ausdrucksfähigkeit lernt entsprechend viel leichter lesen und schreiben.

Von den Eltern sprechen lernen
Wann und wie ein Kind das Sprechen lernt und wie Sie sein bester Lehrer sein können

Der Sprachwerb beginnt nicht mit den ersten gesprochenen Wörtern eines Kindes, sondern schon ab der Geburt – möglicherweise noch früher.

Babys haben ein angeborenes Interesse an Stimmen, und sie verstehen Sprache, lange bevor sie selbst sprechen können. Das ist der wichtigste Punkt, den es zu berücksichtigen gilt, wenn Sie Ihrem Kind beim Spracherwerb helfen wollen: Kinder verstehen Worte sehr viel früher, als sie sie aussprechen können.

Wir alle haben komplizierte Wörter und Sätze erst langsam begreifen gelernt und waren erst später in der Lage, sie eigenständig in neuen Zusammenhängen einzusetzen.

Denken Sie an Menschen, die Fremdsprachen lernen. Auch hier gilt allgemein, daß Sprachschüler etwa sechs Monate, bevor sie selbst sprechen, die fremde Sprache bereits verstehen. Wenn Sie diese Faustregel auf Ihre Kinder übertragen, sollten Sie sich zugleich bewußt sein, welch ungeheure Menge an Information Babys in den ersten sechs Monaten aufnehmen. Dies ist eine der intensivsten Lernphasen eines jeden Lebens, und oftmals würdigen wir nicht gebührend, was Kinder in dieser Periode bewältigen.

Spracherwerb ist im wesentlichen davon abhängig, in welcher Form ein Kind durch Worte und immer komplexer werdende Sätze angeregt wird. Der größte Teil dieser Anregung kommt von den Eltern des Kindes und anderen regelmäßigen Betreuern.

Wie aber regen wir ein Kind zum Sprechen an? Sollten wir einfach ohne Unterbrechung auf es einreden? Mit Babys zu sprechen, die einem nicht antworten können, fällt nicht allen Menschen leicht – manche fühlen sich durchaus befangen dabei. Aber Reden ist ja nicht alles, was wir mit unseren Kindern tun können.

Glücklicherweise haben die meisten Eltern eine ganz natürliche pädagogische Begabung. Wenn sie zudem noch mit dem Grundwissen ausgestattet sind, wie Kinder das Sprechen lernen, können sie genügend Anregungen vermitteln, die die Kinder während jeder einzelnen Entwicklungsphase benötigen.

Anregen heißt sicherlich nicht, daß es mit bloßem „Drauflosreden" getan ist. Von interessanten Untersuchungsergebnissen berichtet Dr. Paula Menyuk, Leiterin des „Language Behavior Program" an der Universität Boston. In einem Langzeitversuch beobachtete sie die Kommunikationsabläufe in 56 Familien mit kleinen Kindern. Sie berichtet, daß die Sprechfertigkeit bei Kindern, die von den Eltern direkt angesprochen wurden und denen Zeit zur Antwort gegeben wurde, weit besser entwickelt war als bei Kindern, deren Eltern einfach die ganze Zeit redeten. Zuviel Anregung kann die Sprachentwicklung sogar bremsen.

Kinder scheinen abzuschalten, wenn man ständig auf sie einredet. „Strukturierte Gespräche" mit dem Kind hingegen fördern die Sprachentwicklung deutlich. „Strukturierte Gespräche" klingt vielleicht etwas streng und bedeutet nicht, daß Eltern sich mit dem Kind hinsetzen und ihm Sprachunterricht erteilen sollen.

Eher eignen sich ganz alltägliche Tätigkeiten zur Förderung der Sprachentwicklung. So können Sie es sich zur Gewohnheit machen, mit Ihrem Nachwuchs über alles und jedes zu reden: was Sie gerade tun, welche Gegenstände Sie dabei verwenden, was Sie als nächstes zu tun gedenken. Sprechen Sie mit Ihrem Kind, während Sie den Boden kehren. Zeigen Sie ihm den „Besen" und lassen Sie es den Besen „hin"- und „her"-schieben.

Der Alltag bietet ungezählte Gelegenheiten, um mit einem Kind ins Gespräch zu kommen, Fragen zu stellen, Antworten zu geben, das Kind kleine Aufträge ausführen zu lassen oder auch Gegenstände in ihrem „natürlichen" Umfeld zu benennen.

> „Schau Herbert, hier habe ich eine Kartoffel. Das ist aber eine große Kartoffel. Magst du die Kartoffel einmal halten? Soll ich sie aufschneiden?
> So, jetzt schneide ich die Kartoffel und lege sie in die Pfanne hier. Siehst du, jetzt fange ich an, die Kartoffel zu braten."

Damit erfährt Ihr Kind, daß Sprache sich auf Dinge bezieht, daß diese Dinge einen Namen haben und daß die Benennung sich als nützlich erweisen kann. Versuchen Sie, Hintergrundgeräusche einzudämmen, während Sie mit Ihrem Kind sprechen.

Läuft der Fernseher und das Radio, ist es für das Kind sehr viel schwieriger, darauf zu achten, was Sie sagen. Eine konzentrierte Gesprächsatmosphäre ist besonders wichtig für Kinder, die schon ältere Geschwister haben und dadurch ohnehin selten Gelegenheit zu ungestörten Zwiegesprächen haben. Das ist auch einer der Gründe, warum Nachgeborene häufig später zu sprechen beginnen als Erstgeborene. Wenn Sie sich dessen bewußt sind, können Sie etwas dagegen tun.

Hören Sie Ihrem Kind aufmerksam zu und versuchen Sie, jedesmal zu antworten, wenn es versucht, mit Ihnen zu „sprechen". Sie müssen nicht jedesmal alles stehen und liegen lassen, wenn Ihr Kleines sich meldet, aber wenn es erfährt, daß Sprechen zu einer Reaktion führt, dann fördert das seine Sprachentwicklung ungemein.

Versuchen Sie, möglichst immer herauszufinden, was Ihnen Ihr Kind mitteilen möchte, wenn Sie bemerken, daß es dazu ansetzt, sich zu äußern. Wenn es nicht die Worte findet, um sich zu erklären, bitten Sie es, das Gewünschte durch Zeigen auszudrücken.

Kommunikative Fertigkeiten

Kommunizieren heißt, Informationen, Wünsche und Vorstellungen mitzuteilen. Kommunikation ist ein Austausch in zwei Richtungen: Sowohl der Sprecher wie auch der Zuhörer muß in der Lage sein, Signale auszusenden, zu empfangen und zu verstehen. Sprechen ist nur ein Teil der Kommunikation – auch Gesten, das Lesen und Schreiben sind Mittel, mit denen man sich mitteilen kann.

Um sich durch Sprache mitzuteilen, muß ein Kind eine Reihe von Fertigkeiten erlernen:

Artikulation
Durch den Gebrauch von Zunge, Lippen, Zähnen und Gaumen werden Sprechlaute erzeugt. Die Artikulation entwickelt sich in der Phase zwischen fünf und sieben Jahren.

Sprache
Sprache umfaßt ein System von Regeln, die Wörter in eine bestimmte Ordnung bringen. Im Deutschen gibt es Hunderte von Regeln, die ein Kind lernen muß.

Denken Sie nur an die Pluralregeln: So heißt es „der Hut – die Hüte", aber „der Hund – die Hunde". Hat das Kind einmal den Umlaut als wichtigen Teil der Pluralbildung erkannt, macht es aus einem Hund sicher zunächst mehrere „Hünde" – bevor es sich die Ausnahmeregel aneignet.

Mindestens ebenso kompliziert ist die Bildung der Vergangenheitsform. Solange ein Kind nur einen Teil dieser Regeln erfaßt hat, erscheint es ihm durchaus richtig, zu sagen „ich habe gegeht". Und es gibt fast immer eine Ausnahme zu jeder grammatikalischen Regel.

Verstehen

Ein Kind versteht Sprache, wenn es in der Lage ist, die Bedeutung eines gesprochenen Wortes im jeweiligen Zusammenhang mit einem Gegenstand oder einer Handlung in Beziehung zu setzen. Wenn also jemand von einer „Tasse" spricht, so weiß es, daß damit der Gegenstand gemeint ist, aus dem man trinken kann. Ein Kind muß Sprache verstehen, bevor es selbst Sprache benutzen kann.

Ausdruck

Die Art und Weise, wie wir Gedanken in einer Kombination von Wörtern, Intonation und Körpersprache zusammenstellen, drückt aus, was wir wollen. Die Intonation und die Körpersprache sind wichtige Ausdrucksmittel der gesprochenen Sprache. Es ist ein Unterschied, ob ich über „Rotkäppchen" spreche oder über ein „rotes Käppchen", und genauso ist es für Kinder höchst verwirrend, wenn Sie mit milder Stimme und einem Lächeln im Gesicht zurechtgewiesen werden.

Reihenfolge

Ein Kind muß lernen, Laute, Wörter und Gedanken in eine richtige Reihenfolge zu bringen, wenn es verstanden werden will. Das vierbeinige Tier, das bellt, ist ein „Hund", es hat nichts gemein mit „rund" oder „bunt". Für die Abfolge der Worte in einem Satz gilt Ähnliches. Eltern haben zwar keine Probleme, den Sinn des Satzes „Tisch Hut liegt auf" zu verstehen. Auch aufgeregt erzählte Geschichten wie „Er ist hingefallen, weil er gegen einen Stein gefahren ist. Der Bub ist mit dem Rad gefahren. Sein Bein ist im Gips. Er wurde ins Krankenhaus gebracht." sind verständlich. Doch sollte man ein Kind auf die Bedeutung der logischen, zeitlichen oder grammatikalischen Abfolge aufmerksam machen. Laute, Wörter und Gedanken müssen in eine Ordnung gebracht werden, wenn sie allgemein verständlich sein sollen.

Zuhören

Man muß aufmerksam zuhören, um den Sinn von Lauten zu erfassen. Darin besteht der Unterschied zwischen „hören" und „zuhören". Es gibt viele Kinder – und Erwachsene – die sehr gut hören, aber nicht zuhören können.

Intonation

Die Melodie in unserer Stimme, die Art, wie sie sich hebt und senkt und bestimmte Silben betont werden, ist Intonation. Die Worte „Ja, bitte" können „Ja, das kannst du haben!" bedeuten, aber auch „Wer ist da?" oder „Was möchtest du?", je nachdem, wie sie betont werden.

Wie sich das Sprechen entwickelt

0 bis 3 Monate
Das Kind weint, hält Augenkontakt, lächelt, reagiert auf Geräusche.

3 bis 6 Monate
Es gibt eine Reihe von Geräuschen von sich, die wie Sprechen klingen. Es benutzt auch eine Reihe von nicht-sprachähnlichen Tönen wie Schreien. Es erkennt den Unterschied zwischen ärgerlichen und freundlichen Stimmen.

6 bis 12 Monate
Das Kind erkennt zunehmend Gegenstände, die benannt werden. Es gestikuliert, klatscht in die Hände, schreit, um Aufmerksamkeit zu erregen. Das Babbeln wird komplexer. Es sucht den Blickkontakt, vokalisiert, greift und zeigt auf etwas, um zu kommunizieren.

12 bis 18 Monate
Das Kind verwendet einzelne Wörter, spricht sie oftmals aber noch nicht deutlich aus.

bis 2 Jahre
Es versteht viel von dem, was gesagt wird, und beginnt, kleine Sätze zu bilden.

2 bis 3 Jahre
Das Gesprochene nimmt stark zu. Das Kind spricht über Ereignisse im „Hier und Jetzt". Es kann bereits Gespräche führen. Es spricht und hört abwechselnd zu. Es reagiert auf Richtungsanweisungen und Fragen. Ist Ihr Kind ungefähr 3 Jahre alt, sollten Fremde es bereits großteils verstehen können (zuweilen aber noch Fehler bei den Lauten).

3 bis 5 Jahre
Das Kind bildet Sätze und erzählt Geschichten. Es verfügt bereits über ein großes Vokabular und spricht Sätze mit acht und mehr Wörtern. Es kann Information speichern, hat ein Verständnis von „gestern" und „morgen" und stellt unablässig Fragen.

5 bis 7 Jahre
Das Kind spricht fast so gut wie Sie selbst. Alle Laute werden klar ausgesprochen. Gelegentliche Fehler mit unregelmäßigen Verben („gebrecht" statt „gebrochen") kommen vor, das Vokabular nimmt stetig zu.

Babbeln
Das erste Jahr

Neugeborene kommunizieren anfangs nur, indem sie schreien. Und in den ersten Tagen sind die frischgebackenen Eltern mit diesem Schreien noch nicht in dem Maße vertraut, daß sie Unterschiede wahrnehmen würden. Tatsache aber ist, daß selbst Neugeborene über ein ganzes Repertoire von Schreivarianten verfügen, um ihre Bedürfnisse und Gefühle auszudrücken. Eltern lernen schnell, diese zu erkennen. Schmerzensschreie lassen bei Ihnen sofort alle Alarmglocken läuten, und Sie werden alles stehen und liegen lassen, um schnell zu Ihrem Baby zu eilen.

Babys haben ein gutes Gehör – von Geburt an. Die Freude an einer rhythmischen und wohlklingenden Stimme läßt sich deutlich von ihrem Gesicht ablesen, plötzliche und laute Geräusche hingegen lassen sie oftmals zusammenfahren.

Vom ersten Tag ihres Lebens an reagieren Kinder auf Lärm und Geräusche, und am stärksten reagieren sie auf den Klang Ihrer Stimme. Ein weicher, warmer Ton wird das Baby beruhigen, ein lauter oder harter Ton wird es erschrecken. Beobachten Sie einmal, wie genau Ihr Kind auf Ihre Stimme reagiert. Geräusche der Umgebung mag es wohl hören, doch sobald das Kind Ihre Stimme vernimmt, verwandelt sich dieses Hören in aufmerksames Zuhören. Und wenn es gerade still liegt, wird Ihr Sprechen unwillkürlich heftige Bewegungen auslösen. Stimmen lösen bei Babys höchste Aufmerksamkeit aus.

Ebenso verhält es sich mit den Gesichtern, die Babys genau beobachten. Und vergessen Sie nicht, daß Babys nur Dinge scharf erkennen können, die nicht weiter als eine halbe Armlänge von ihnen entfernt sind.

Sprechen Sie also Ihr Kind aus nächster Nähe an und beobachten Sie, wie es Ihren Lippenbewegungen folgt. Mit dieser intensiven, auf Ihre Stimme und Ihre Bewegungen ausgerichteten Aufmerksamkeit lernt Ihr Baby bereits eine Menge über das Sprechen.

Mit ungefähr sechs Wochen fängt das Baby an, auf Ihr Lächeln und Ihre Worte zu reagieren. Es wird ebenfalls lächeln, mit den Beinchen strampeln und ganz allgemein seine Freude ausdrücken. Mit etwa zwei Monaten kommen eigene Töne dazu, und mit etwa drei Monaten ist es in der Lage, zwischen Lächeln und Sprechen zu unterscheiden. Es wird also auf Lächeln zurücklächeln und versuchen zu sprechen, wenn man es anspricht.

Wenn Ihr Baby diese Phase erreicht hat, können Sie mit ihm viele glückliche Stunden im spielerischen Austausch von Lauten und Gesten verbringen. Dieses vergnügliche Spiel ist äußerst wichtig für den späteren Spracherwerb, weil Ihr Kind mit dem Sprechwechsel vertraut wird, der später so bedeutsam wird, wenn eine Unterhaltung fruchtbar geführt werden soll. Sie werden beobachten, daß Ihr Baby nur auf Stimmen, nicht aber auf andere Geräusche reagieren wird.

Aus Babys, mit denen man sich in dieser Weise häufig abgibt, werden in der Regel Kinder, die selbst gerne sprechen, während diejenigen, die stumm versorgt werden, viel weniger sprechen. Und das hat natürlich Auswirkungen auf ihre späteren sozialen Interaktionen und auf ihre Lernerfahrungen.

Babys sprechen nicht nur dann, wenn sie angesprochen werden, sie können auch oft stundenlang in ihrem Bettchen oder Kinderwagen liegen und vor sich hinbrabbeln. Auch wenn Sie nicht eine Silbe davon verstehen, werden Sie hören, daß Ihr Baby den Rhythmus von Unterhaltungen nachmacht: Es gibt einen Laut von sich, macht eine Pause, als ob es zuhören würde, und antwortet dann.

Mit ungefähr sechs Monaten fangen Babys an, Tonfolgen aneinanderzuhängen und zu „brabbeln". Mit der Zeit wird dieses Brabbeln immer komplexer – und sie sollten natürlich weiterhin viel mit ihm „sprechen" und ihm so helfen, sein Repertoire an Lauten zu erweitern.

Mit ungefähr acht Monaten beginnen die meisten Säuglinge, mit Interesse auch Unterhaltungen zu folgen, die nicht an sie gerichtet sind. Wenn Ihr Baby zwischen zwei Erwachsenen sitzt, dreht es sein Köpfchen hin und her, als ob es bei einem Tennismatch zuschauen würde. Aber es wird sich nicht lange mit der Zuhörerrolle begnügen, sondern bald anfangen, dazwischenzubrabbeln oder auch einen Schrei auszustoßen, um die Aufmerksamkeit auf sich zu ziehen. In diesem Stadium ahmt es die Unterhaltung der

Erwachsenen nach. Und Sie werden häufig feststellen, daß seine Laute so klingen, als ob es eine Frage stellt. Beziehen Sie es in Ihre Unterhaltung mit ein, hören Sie auf sein „Brabbeln", und wenn es danach eine erwartungsvolle Pause macht, dann geben Sie ihm eine „Antwort".

Auch wenn das „Brabbeln" keinen Einfluß auf den Zeitpunkt hat, zu dem Ihr Baby seine ersten Wörter spricht, so hilft es ihm doch, Lautkombinationen zu üben. Reden Sie also weiterhin mit Ihrem Baby. Es macht nicht nur Spaß, sondern erfüllt auch einen ganz wichtigen Zweck.

Andererseits sollten Sie nicht in Panik verfallen, wenn Ihr Baby nicht brabbelt. Auch wenn die meisten brabbeln, gibt es doch eine ganze Reihe von Kindern, die gar nichts von sich geben, bis sie ein einigermaßen verständliches Wort äußern können.

Beobachten Sie Ihr Baby genau, denn sein Deuten, Schauen und Schreien hat einen Sinn. Sie können es ermutigen, mehr zu kommunizieren, indem Sie zu erkennen geben, daß Sie verstehen, was es ausdrücken will. Sie können sodann demonstrieren, daß man dasselbe auch mit Worten wiedergeben kann.

Denken Sie immer daran, daß das Verstehen von Sprache vor dem Sprechen kommt. Ein Kind kann nicht nach Dingen fragen, bevor es nicht gelernt hat, wie diese Dinge heißen. Schon ab dem sechsten bis neunten Monat können Sie anfangen, alltägliche Worte häufig zu wiederholen, damit

Ihrem Kind die Zusammenhänge zwischen den Lauten und dem einbezogenen Gegenstand oder der Verhaltensweise deutlich werden. Bilden Sie kurze Sätze, legen Sie häufig Pausen ein:

„Schau, ein Apfel!"
„Mmmm, riech' mal an dem Apfel!"
„Schau, ich mache die Schale weg!"
„Und jetzt schneide ich den Apfel klein!"

Diese Technik wird in dem folgenden Kapitel ausführlich erklärt.

Es ist übrigens nie zu früh, Ihrem Baby vorzulesen. Sie wissen ja bereits, wie gerne es dem Klang und Ausdruck Ihrer Stimme lauscht.

Vorlesen ermöglicht engen Körperkontakt und schafft damit ein positive Atmosphäre. Selbst wenn Sie aus einem Roman vorlesen, kann das in diesem frühen Stadium nützlich sein, weil Ihr Kind lernt, zuzuhören und Stimmen als etwas ganz Besonderes zu erkennen. Lesen Sie ruhig in einem dramatischen Tonfall, natürlich ohne Ihr Kind zu erschrecken, und legen Sie besonderen Wert auf den Rhythmus. Sobald Sie glauben, daß Ihr Baby dies aufnehmen kann, sollten Sie auf ganz einfache Bilderbücher übergehen.

Zeigen Sie ihm die Bilder und sprechen Sie darüber ganz so, als ob Ihr Kind das alles schon verstehen würde. Benennen Sie die Dinge, die Sie gerade anschauen.

Unterstützen Sie auch seine Hörfähigkeit. Wenn Sie alltägliche Geräusche wie das Klingeln des Telefons, das Lärmen eines Rasenmähers oder das Rauschen von laufendem Wasser hören, fragen Sie Ihr Kind, was das ist, und erkunden Sie gemeinsam, woher das betreffende Geräusch kommt.

All das wird Ihrem Kind helfen, später die ersten Wörter leichter sprechen zu lernen.

Die ersten Wörter

Die ersten Wörter Ihres Kindes beziehen sich für gewöhnlich auf Menschen, Tiere oder Gegenstände, die für Ihr Kind interessant sind, und sind natürlich auch so nützliche Wörter wie „mehr" und „hoch".

Wenn Sie den Eindruck haben, daß Ihr Kind die ersten Versuche macht, Worte mit Bedeutungsgehalt auszudrükken, kann es nützlich sein, sich zunächst auf ein Dutzend Begriffe zu konzentrieren. Mit Wörtern wie „Papi", „Mama" oder „Milch" werden Sie die besten Ergebnisse erzielen. Die Liste der „ersten Wörter" auf den Seiten 38 bis 39 kann Ihnen ein paar Anregungen geben. Bedeutungsgehalt und Wiederholung sind in dieser Phase besonders wichtig. Sie müssen Ihrem Kind erst die Bedeutung eines Wortes klarmachen und es ihm dann immer wieder vorsagen. Wenn es Ihnen seine Tasse hinhält, weil es noch mehr Saft haben möchte, fragen Sie es „Mehr?, Mehr?" und machen eine kleine Pause.

Papi?

Gießen Sie sodann den Saft ein und bestätigen Sie „Mehr!" Ihr Kind wird dieses Wort sehr bald nachahmen – wenn Sie ihm mit einer kleinen Pause Gelegenheit dazu geben, zu reagieren.

Ebenso können Sie mit dem Wort „hoch" verfahren. Sobald Sie Ihr Kind vom Boden hochheben, sagen Sie einfach in fragendem Ton „Hoch?" und machen eine Pause. Wenn Sie es dann hochheben, rufen Sie „Hoch!". Das kann ruhig ein wenig übertrieben klingen. Auf jeden Fall wird Ihr Kind sehr bald verstehen, daß es, wenn es hochgehoben werden möchte, „hoch" sagen muß.

Einfache Spiele wie „Hände klatschen" sind in diesem Stadium ebenfalls sehr förderlich. Ihr Kind wird bald herausfinden, was Sie meinen, wenn Sie diese beiden Worte sagen und dabei entsprechend in die Hände klatschen.

Sobald Ihr Kind deutlich macht, daß es sprechen möchte, sollten Sie Ihr Gespräch auf einfachste Aussagen reduzieren. Es ist für das Kind verwirrend, wenn jeder Gegenstand zwar benannt, aber das entsprechende Wort nicht wie gewohnt wiederholt wird.

Dasselbe gilt für die Satzstrukturen. Wenn Sie aus einer Vielzahl von Wörtern komplexe Sätze bilden, hat Ihr Kind wenig Möglichkeiten, den Inhalt zu verstehen. Auf das Beispiel mit dem Saft bezogen heißt das: Die Bedeutung des Schlüsselworts „mehr" ist sehr viel einfacher zu verstehen, als wenn Sie die Frage in den Satz „Möchtest du gerne noch etwas mehr Saft, mein Schatz?" gekleidet hätten.

Die ersten richtigen Wörter eines Kindes sind manchmal schwer zu identifizieren. Hören Sie also genau hin: Versteckt sich in den immer wiederkehrenden Brabbel-Lauten ein Wort? In der Anfangsphase des Sprechenlernens glauben Kinder oft, daß sie nur irgendein Wort zu äußern brauchen und verwenden zudem häufig ihre eigenen Ausdrücke. So kann „abab" in der Kindessprache „Milch" heißen. Wenn dieses „Wort" durchgehend für „Milch" verwendet wird, sollten Sie es ruhig zunächst dabei belassen. In diesem Stadium behelfen sich Kinder oft mit stark vereinfachten Lauten, anstatt sich an komplizierten Worten zu versuchen – sie sagen „du" statt des komplizierten Zischlauts in „Schuh" oder sie lassen am Anfang oder am Ende eines Wortes einfach eine Silbe weg („Ba" statt „Ball").

Sobald Ihr Kind Interesse an Wörtern zeigt, sollten Sie Ihr Augenmerk auf Gegenstände richten, die interessant oder praktisch sind. Und machen Sie sich keine Sorgen, wenn Ihr Kind ein Wort partout nicht sagen will (sollten Sie das Wort „Ball" üben wollen, ist es zudem besser, den hochinteressanten Spielzeugdinosaurier wegzuräumen).

Ob ein Wort „richtig" ausgesprochen wird, spielt am Anfang überhaupt keine Rolle!

Aber sobald Ihr Kind zu sprechen anfängt, sollten Sie eine Liste von Wörtern anlegen, die es sagen kann. Sie werden überrascht sein, wie viele das sind.

So unterstützen Sie den Spracherwerb der Einjährigen

Sprechen Sie über alles, was es rundherum gibt oder was gerade passiert.

Zeigen Sie Ihrem Kind, über was Sie gerade sprechen.

Verwenden Sie kurze, einfache Sätze, um die Dinge in der Umgebung des Kindes zu benennen– so erweitern Sie seinen Erfahrungsbereich.

Wiederholen Sie dieselben Wörter so oft wie möglich.

Lassen Sie Ihrem Kind Zeit, selbst zu sprechen.

Wiederholen Sie wie in einem Zwiegespräch die Laute, die Ihr Kind macht.

Verändern Sie Ihre Stimme und Ihren Gesichtsausdruck. Setzen Sie Ihre schauspielerischen Fähigkeiten ein.

Wechseln Sie sich beim Sprechen mit Ihrem Kind ab.

Wenden Sie Ihrem Kind beim Sprechen das Gesicht zu.

Gehen Sie darauf ein, wenn Ihr Kind sprechen möchte.

Lesen Sie Ihrem Kind kurze, einfache Geschichten vor!

Machen Sie einen Spaß aus der Sache!

Dabei werden Sie aber auch feststellen, daß die Bedeutung eines Wortes in der Sprache des Kindes nicht immer dieselbe ist wie in der Erwachsenensprache: „Hund" kann jedes vierbeinige Tier mit einschließen, und „Ball" kann ausschließlich den eigenen Ball betreffen.

Sobald Ihr Kind einige Wörter beherrscht, sollten Sie sich Situationen ausdenken, in denen es diese Wörter üben kann. Ist es das Wort „Hut", so erfinden Sie ein Spiel, in dem verschiedene Hüte verwendet werden.

Halten Sie sich immer wieder vor Augen, daß das Verstehen vor dem Sprechen kommt, und führen Sie allmählich komplexere Sachverhalte in ein Spiel ein:

Sagt Ihr Kind das Wort „Hut", so antworten Sie „Ja, ein großer Hut!" oder „Ja, Peters Hut!"

hoch!

Ihr Kind wird auch bald lernen, Wörter so zu betonen, daß unterschiedliche Inhalte zum Ausdruck kommen. Es liegt dann am Zuhörer, die richtige Bedeutung herauszufinden: Sagt es „Papi", so kann das vieles heißen:

„Papi, komm her!"
„Wo ist Papi?"
„Da ist Papi!"
„Toll! Papi ist hier!"
„Laß das, Papi!"

Wie Sie Ihr Kind ermutigen, seine ersten Wörter zu sprechen

- Machen Sie Ihr Kind auf alltägliche Geräusche aufmerksam und fragen Sie: „Was ist das?" Fordern Sie es auf, genau zuzuhören und zu raten, was das Geräusch verursacht; versuchen Sie, das Geräusch zu lokalisieren.

- Stellen Sie Puppen oder Männchen nacheinander auf den Deckel einer Schachtel. Geben Sie ihnen einen Schubs, sobald Ihr Kind zuschaut, und lassen Sie das Spielzeug in die Schachtel purzeln: „Fort!"

- Wenn Ihr Kind mit Bauklötzen spielt, können Sie diese Spielsituation gut dafür nutzen, Wörter wie „auf, darauf" oder auch „alle umgefallen" zu verwenden.

- Veranstalten Sie zusammen mit all den Puppen und Teddybären eine kleine Party. Bieten sie jedem einzelnen etwas zu trinken oder einen Keks an: „Mehr?" oder „Noch ein Keks?"

- Erfinden Sie Namen für die Hände, die Füße, den Bauch und den Hals. Es gibt herrliche Reime, bei denen man jeweils den Körperteil kitzeln kann, der gerade benannt wird. Machen Sie es gelegentlich schwieriger: „Meine Augen – deine Augen".

- Sprechen Sie oft gebrauchte Redewendungen mit übertriebener Betonung aus: „Wo bist du?" Dabei kann es sich um eine Person oder auch um einen Gegenstand handeln.

- Versäumen Sie nicht, auch Handlungen mit Wörtern zu benennen: „Komm, es gibt Essen!"

- Machen Sie Ihr Kind auch mit Wörtern bekannt, die Gefühle ausdrücken und mit denen Hilfe herbeigerufen werden kann; zeichnen Sie Teddybären, die traurig, ärgerlich, glücklich oder überrascht aussehen.

- Seifenblasen sind für kleine Kinder ziemlich schwierig herzustellen, aber eine gute Vorübung zum Sprechen. Außerdem kann man Worte wie „blasen" oder „Plopp!" oder auch „Fort!" einführen.

- Schon im Alter von drei oder vier Monaten haben Babys es gern, wenn man ihre Hand nimmt und mit ihr „winke, winke" macht.

Personen	Fürwörter	Gegenstände
Mami	mir, mich	Apfel
Papi	ich	Auge
Baby	du	Auto
Kindesname	mein	Bad
	dein	Ball
Namen von		Baum
Familienan-		Bett
gehörigen:		Bonbon
....		Buch
....		Bus
....		Fahrrad
		Fernseher
Erziehernamen:		Hund
....		Kamm
....		Licht
....		Löffel
		Mann
Haustiernamen:		Puppe
....		Schlüssel
....		Schuh
		Strumpf
Lieblings-		Stuhl
spielzeug:		Tasse
....		Teddy
....		Türe
		Uhr

Erste Wörter

Handlungen	Ortsangaben	Zuordnung
aufmachen	auf	mehr
Bussi	da	mein
bürsten	das	dein
essen	hier	groß
fallen	hinauf	klein
festmachen	hinein	das da
geh	hinunter	ein
gib mir	hoch	pfui
halt	in	
ich will	oben	
kommen	unten	
kämmen	unter	
schlafen		
sitzen		
trinken		
tu		
waschen		
weg/alles weg		
wirf		

Jetzt geht's los
18 Monate bis 3 Jahre

Sobald Ihr Kind etwa 30 Wörter beherrscht, fängt es in der Regel an, Worte zu Zweiwortsätzen zusammenzufügen. Diese Zweiwortsätze klingen einfach, sind aber von großer Bedeutung, weil sie zeigen, daß das Kind den Wunsch – und die Fähigkeit – hat, eigenständige Gedanken mitzuteilen und nicht mehr nur das von den Erwachsenen Vorgebrachte nachzuahmen.

Die Wörter in diesen ersten Sätzen werden meistens in die richtige Folge gebracht, auch wenn einiges von dem fehlt, was zu schwierigeren Sätzen gehört. Um das Kind zu verstehen, muß man die dazugehörige Situation kennen. Wenn Ihr Kind sagt: „Papi, Auto!", so könnte das heißen:

„Das Auto gehört Papi!"
„Ich möchte mit Papi Auto fahren."
„Gehört dieses Auto Papi?"
„Papi ist mit dem Auto
weggefahren."

Es wird Sie erstaunen, wieviel Grammatik Ihr Kind bereits gelernt hat: In dem vorangegangenen Beispiel hat es das besitzanzeigende Wort („Papi") ganz richtig vor den Gegenstand gestellt.

Kinder sind große Nachahmer, und das ist eine unschätzbare Fähigkeit, je weiter Ihr Kind mit dem Erlernen der Sprache fortschreitet. Indem Sie klare, kurze und leicht verständliche Sätze verwenden, geben Sie Ihrem Kind brauchbare Muster für die Satzbildung an die Hand. Dabei sollten Sie immer auch auf die Sprechgeschwindigkeit achten und zu schnelles Sprechen vermeiden.

Die ersten Sätze eines Kindes klingen oft wie ein Telegramm, bei dem all die Füllwörter und Grammatikpartikel weggelassen wurden. Wenn Sie den Satz „Ball (in) Schachtel" so nachsprechen, wie er gemeint ist, zeigen Sie Ihrem Kind, wie die Lücken zu füllen sind. „Ja, der Ball liegt in der Schachtel!"

Kinder führen oft Selbstgespräche oder sprechen mit ihren Spielsachen. Dabei sollten sie möglichst nicht unterbrochen werden, weil sie sonst verlegen werden und aufhören. Dieses Mit-sich-selbst-Sprechen ist aber eine höchst wichtige Übung, die die Artikulationsfähigkeit fördert.

Zum Sprechen gehören zwei

Echte Kommunikation setzt mindestens zwei Teilnehmer voraus, und sie beruht auf Wechselseitigkeit: Der eine spricht, und dann ist der andere an der Reihe zu antworten.

Aus diesem Grund sollten Sie von Anfang an, wann immer Sie mit Ihrem Kind sprechen, den Eindruck vermitteln, daß Sie eine Reaktion, eine Antwort erwarten.

Stellen Sie einfache Fragen und machen Sie eine Pause für die Antwort. Wenn Sie feststellen, daß keine Antwort kommt, wiederholen Sie einfach Ihre Frage und geben Sie, falls dann immer noch keine Reaktion erfolgt, selbst die Antwort:

> Was möchtest du? (Keine Antwort)
> Was möchtest du? (Keine Antwort)
> Möchtest du noch Saft? Mehr?

Wichtig ist, aufmerksam zuzuhören, wenn Ihr Kind spricht; Sie selbst möchten ja auch, daß Ihr Kind zuhört, wenn Sie mit ihm sprechen. Und wenn Sie die ganze Zeit selbst sprechen, ohne Ihrem Kind Gelegenheit zu einer Reaktion zu geben, hat es nie eine Chance, zu zeigen, was es kann.

Schaffen Sie also Situationen, in denen Ihr Kind lernen kann, seine Sprechrolle auszufüllen. Lassen Sie sich bei der Hausarbeit helfen oder spielen Sie mit Ihrem Kind – beides gibt ihm die Möglichkeit, etwas über Reihenfolgen zu lernen. Wechseln Sie sich also ab, sei es, wenn Sie einen Kuchenteig rühren oder einen Ball durchs Zimmer rollen. Vielleicht braucht Ihr Kind am Anfang auch noch einen kurzen Hinweis, wann es dran ist.

Fördern Sie den Blickkontakt in Gesprächen mit Ihrem Kind. Sie müssen sich natürlich nicht beständig in die Pupillen starren! Doch Blickkontakt zwischen den Partnern einer Konversation schafft eine positive Atmosphäre des Austausches. Blickkontakt aufnehmen zu können ist eine Fähigkeit, die man lernen muß. Sie haben ja sicher selbst schon Gesprächspartner erlebt, die ständig woanders hinsehen, und wissen, was das für eine Wirkung hat. Man gerät nicht nur aus dem Konzept, man hat auch das Gefühl, daß der andere am Gespräch gar nicht interessiert ist.

Wenn die Kommunikation für alle Beteiligten angenehm verläuft, kommt die Unterhaltung richtig in Schwung. Das ist eine Binsenweisheit. In einer entspannten Atmosphäre und mit Menschen, in deren Gesellschaft man sich wohlfühlt, spricht man einfach mehr. Wenn Ihnen Ihr Kleines also eine „Antwort" gibt, nehmen Sie es auf den Arm und loben Sie es. Der Ton Ihrer Stimme und das Leuchten in Ihren Augen wird sicher ein zufriedenes Lächeln auslösen.

Sobald Ihr Kind versucht zu sprechen, sollten Sie unmittelbar darauf reagieren, auch wenn es Ihnen vielleicht gerade nicht ganz paßt. Man kann jedoch fast immer irgendwie auf den Kommunikationsversuch eingehen, und sei es, daß man seinem Kind von ganz oben auf der Leiter etwas zuruft.

Zu erfahren, daß Sprechen die unmittelbare Reaktion eines Erwachsenen nach sich zieht, wirkt auf Kinder äußerst zufriedenstellend. Das Mindeste ist, daß Sie den Versuch loben: „Prima, mein Schatz! Das hast du schön gesagt. Willst du noch mehr?"

Babysprache – ja oder nein?

Großeltern scheinen von der Babysprache ganz besonders angetan zu sein. Liebend gern gehen sie mit ihrem Enkelkind „adda-adda". Einige Eltern meinen, daß diese Art von Sprache auf die ersten neun Monate beschränkt sein sollte, wir meinen jedoch, daß tatsächlich überhaupt keine Notwendigkeit besteht, Babysprache zu sprechen.

Es macht wenig Sinn, ein Kind Wörter in der Babysprache lernen zu lassen, die es später durch andere ersetzen muß. Das gilt vor allem für Kinder mit Sprachproblemen.

Im Gegenteil: Versuchen Sie es ruhig auch ab und zu mit Wörtern, die schwierig auszusprechen sind. Aus „Lokomotive" wird im Kindermund vielleicht „Mokonine"; da das Kind Ihre Betonung nachahmt, können Sie dennoch verstehen, was es meint.

Ihre Aussprache ist in der Tat von größter Bedeutung. Viele Menschen neigen dazu, ganz betont zu sprechen, Grimassen zu schneiden und ihre Gestik stark zu übertreiben, sobald sie mit kleinen Kindern sprechen. Wenn Ihnen das

Spaß macht und es unterhaltsam ist, können Sie die Aufmerksamkeit Ihres Kindes viel länger fesseln. Scheuen Sie sich nicht, Ihrer Stimme Ausdruck zu verleihen und Ihre Gestik zu übertreiben, wenn Sie sich mit Ihrem Kind unterhalten: „Wo bist du?" können Sie theatralisch tief ansetzen und hoch hinauf zum „du" führen; ein „Danke schön!" hoch anfangen und zum „schön" hinabfallen lassen.

Häufig lernt ein Kind die Intonation einer Redewendung, bevor es die genaue Aussprache beherrscht. Genau wie sich Ihnen problemlos die Bedeutung der Lautfolge: „Wobidu?" („Wo bist du?") erschließt.

Wörter, die auf attraktive Weise, sprich kräftig betont, ausgesprochen werden, lernen Kinder deshalb besonders schnell – vor allen Dingen Schimpfwörter! In unserer Praxis

haben wir öfter Kinder, die sich nur mit großen Schwierigkeiten artikulieren können, aber Wörter wie „Scheiße" (zwei komplizierte Zischlaute!) problemlos meistern.

Sobald ein Kind einen einfachen Satz sprechen kann, hat es die Bedeutung dieser Kommunikationstechnik erkannt und wird in atemberaubendem Tempo seine Sprachfertigkeiten ausbauen.

Dabei sind natürlich Spracherwerb und Erweiterung der Kenntnisse in ganz enger Weise miteinander verknüpft. Mit der neuerworbenen Sprache ist das Kind in der Lage, Informationen zu erfragen, und diese Informationen erweitern ihrerseits wieder seine Sprachkenntnisse. Ein Kind setzt also Sprache ein, um seine Kenntnisse zu erweitern, und dieses Bedürfnis führt wiederum zur Erweiterung seiner Sprachfertigkeit. Je komplexer die Denkvorgänge des Kindes werden, desto umfangreicher wird sein Sprachschatz sein, desto vollständiger sein Sprachvermögen werden.

Hüten Sie sich davor, Ihr Kind ständig zu korrigieren oder vorzugeben, daß Sie es nicht verstehen, es sei denn, Sie machen es nach Anweisung eines Logopäden. Ihre Verbesserungen tragen womöglich zu einer Verunsicherung bei.

Bei Kindern unter drei Jahren macht es auch wenig Sinn, die Aussprache zu korrigieren, weil das Verwirrung stiften kann. „Nein, nicht ,Tatze' " heißt für die Kleineren, daß Sie sagen wollen, das fragliche Tier sei keine Katze, sondern vielleicht ein Esel oder ein Elefant. Es ist viel sinnvoller, die richtige Version – positiv bestärkend – übertrieben deutlich auszusprechen: „Stimmt, das ist eine Katze!"

Auf dem Weg zu komplexeren Inhalten

In dem Maß, in dem die Sprachbeherrschung Ihres Kindes fortschreitet, wird es auch mit Zahlen und Farben umgehen können. Im dritten Teil des Buches wird die Rolle von Büchern, Fernsehen und Liedern behandelt, die alle einen wichtigen Beitrag zur Vermittlung dieser Inhalte leisten.

Kinderreime stellen eine wunderbare Möglichkeit dar, die Sprachfertigkeiten zu erweitern, nicht nur durch ihre Inhalte, sondern auch durch die Rhythmen, die Gesten, die Modulationen und Bildfolgen, die Kinder besonders ansprechen. Rhythmus und Artikulation sind wichtig für flüssiges und verständliches Sprechen. Aber entscheidender ist, daß Reime viel Spaß machen und ablenken, wenn es darum geht, die Schmerzen nach einem der kleinen alltäglichen Unfälle zu vertreiben: „Heile, heile Segen, drei Tage Regen, drei Tage Wind, heilt ganz geschwind." Das Streicheln der Stelle, die weh tut, gehört natürlich zu dieser Beschwörung dazu.

Zum Zählenlernen gibt es eine ganze Reihe von Reimen, angefangen von der kleinen Hex', „In der Früh' um sechs, kommt die kleine Hex', in der Früh' um sieben kocht sie Gelberüben ..." bis hin zu „Fünf Engelchen haben gesungen, fünf Engelchen kommen gesprungen, das erste bläst das Feuerchen an, das zweite stellt das Pfännchen dran, das dritte schüttet's Teiglein rein, das vierte tut brav Zucker drein, das fünfte sagt: 'Es ist angericht', jetzt, liebe(r) ... verbrenn dich nicht." Daneben gibt es den Tag über unzählige Gelegenheiten, alle möglichen Dinge zu zählen, die Finger, die Zehen, die Löffel Suppe usw.

Wann ist ein Wort wirklich gespeichert, ein Sachverhalt wirklich verstanden? Lassen Sie sich dabei von Ihrem Kind leiten. Wenn es aufhört „Nochmal!" zu sagen, wissen Sie, daß es die Lust verliert. Ich habe Eltern erlebt, die höchst besorgt waren, weil ihr Kind plötzlich nicht mehr in der Lage war, ein kniffeliges Puzzle zu lösen. Auf Befragen hin machte das Kind sehr schnell klar, daß es beim ersten Mal kapiert hatte, wie es funktioniert, und damit sein Interesse an diesem Spiel erloschen war. Mit einem neuen Puzzle war sein Interesse rasch wieder belebt.

Spaß beim Windelnwechseln

Die täglichen Haushaltsarbeiten sind eine großartige
Möglichkeit, den Spracherwerb Ihres Kindes zu fördern,
und mit ein bißchen Phantasie machen sie viel mehr Spaß.
Plaudern Sie mit Ihrem Kind und genießen Sie seine Ge-
genwart – selbst wenn Sie gerade zum zehnten Mal die
Windeln wechseln mußten!

Hier ein paar Vorschläge für eine kleine Sprachlektion auf
dem Wickeltisch.

- Bringen Sie in Augenhöhe des Kindes an der Wand ein
  buntes Bild an oder stellen Sie ein Spielzeug auf, das
  Geräusche macht, lenken Sie seine Aufmerksamkeit
  darauf und erklären Sie, um was es sich dabei handelt
  oder wie es heißt.
- Sprechen Sie über das Wickeltuch, das Sie gerade verwenden. „Kitzelt es dich am Rücken?" „Jetzt streife
  ich damit über deinen Arm!"
- Kitzeln Sie Ihr Kind mit der Cremetube am Fuß und
  erklären Sie, was Sie da in der Hand haben.
- Ermuntern Sie Ihr Kind, Sie nachzumachen, wenn Sie
  die Zunge herausstrecken oder Koselaute von sich
  geben.
- Spielen Sie Versteck hinter der Windel oder verstecken
  Sie ein Spielzeug unter der Windel.
- Geben Sie Ihrem Kind ein Stück Papier zum Spielen in
  die Hand und erklären Sie, um was es sich handelt.
- Sprechen Sie mit ihm über die einzelnen Kleidungs-
  stücke. Kann es schon sein schmutziges Hemdchen in
  den Wäschekorb werfen? Ja? – Bravo, ein prima
  Wurf!"

Kleinkinder, die spät zu sprechen beginnen

Die meisten Kinder können im Alter von zwei Jahren in verständlicher Weise Wörter und einfache Sätze sprechen. Es gibt aber auch welche, die sich schwer damit tun. Wenn die Eltern dieser Kinder mitbekommen, daß andere Kinder desselben Alters munter darauflos plappern, führt das oft zu großer Besorgnis – auch für die Kinder selbst kann es natürlich ziemlich frustrierend sein.

Man sollte immer bedenken, daß die ersten Worte mit den Bedürfnissen und Interessen zusammenhängen, die ein Kind hat. Ihr Kind könnte eventuell deshalb zu den schweigsamen Typen gehören, weil Sie es so gut versorgen und seine Wünsche schon im voraus ahnen; es sieht einfach gar keine Notwendigkeit, irgend etwas zu sagen. Seien Sie durchaus einmal ein bißchen nachlässiger! Geben Sie Ihrem Kind die Chance, Ihnen zu sagen, daß es etwas will.

Wenn Ihr Kind groß genug ist, um sich selbst mit Geträn-ken zu versorgen, könnten Sie versuchen, ihm das Leben etwas zu erschweren, damit es nach den Dingen fragen muß. Wenn Ihr Kind sehr selbständig ist und alles alleine machen möchte, können Sie einen Ausgleich dadurch schaffen, daß es bestimmte Getränke zwar selbst holen darf, andere hingegen nur nach vorherigem Fragen bekommt: Sie können den Orangensaft leicht zugänglich in die Kühlschranktür stellen, die Milch aber unerreichbar.

Mit diesen nützlichen kleinen Hindernissen können Sie Ihrem Kind beibringen, sich zu äußern, und ihm vermit-teln, daß Sprache etwas sehr Nützliches ist, mit dem man sich verständigen und etwas erreichen kann. Kinder wol-len sich mitteilen, und dazu ist ihnen jedes Mittel recht. Wenn Deuten und Quengeln Erfolg bringt, warum sollte es sich dann die Mühe machen, ein Wort zu äußern?

Das soll natürlich nicht heißen, daß Sie Druck ausüben sollen, um Ihr Kind zum Sprechen zu bringen. Das gilt für alle Altersstufen. Es ist wenig sinnvoll, „strafend" zu kommunizieren im Sinne von „Erst wenn du sprichst, bekommst du meine volle Zuwendung."

Das könnte vollends zur Sprachverweigerung führen. Wenn Ihr Kind im Alter zwischen zweieinhalb und dreieinhalb Jahren noch nicht spricht, sollten Sie einen Logopäden zu Rate ziehen.

Grammatik begreifen
3 bis 5 Jahre

Spätestens dann, wenn ein Kind drei Jahre alt ist, haben sich sein Gedächtnis und seine Fähigkeit vorauszudenken so weit entwickelt, daß es nicht mehr nur auf das „Hier und Jetzt" beschränkt ist. Es kann sich erinnern, was gestern war, und es kann Pläne für morgen schmieden. Dreijährige können über vieles sprechen. Ihre Artikulation ist nunmehr so weit fortgeschritten, daß sie auch von Nicht-Familienmitgliedern größtenteils verstanden werden – auch wenn gelegentlich noch Satzteile ausgelassen oder ersetzt werden.

Dreijährige benützen Substantive, um Dinge zu benennen, Adjektive, um sie zu beschreiben, und Verben, um mitzuteilen, was sie gerade tun. Sie verwenden „te", um die Vergangenheitsform von „sagen" zu bilden. Zunehmend werden die kleinen Wörter zwischen den zentralen Wörtern eingefügt. Aus „Papi Auto" wird: „Papi Auto in Garage!" .

Die Grammatik entwickelt sich, so daß der Plural von „Ball", „Bälle", gebildet werden kann, gelegentlich aber kommt noch „ich bin gegeht" statt „ich bin gegangen" vor.

In diesem Alter fängt das ständige Fragen an: „Was, warum, wann, wie?" Auch wenn dies gelegentlich ein bißchen ermüdend ist, ist das doch der Weg, auf dem die Kinder ihr Wissen und ihre sprachlichen Ausdrucksmittel erweitern.

Die Sätze der Vierjährigen werden immer anspruchsvoller, das Gleiche gilt für das Denken und Spielen. Die kleinen Grammatikfehler, die Kinder jetzt noch machen, zeigen, daß sie Grundmuster der Sprache und sprachliche Regeln gelernt haben. Ein Satz wie: „Das hat schön geklingt!" zeigt,

daß das Kind die grundsätzliche Bildung von Vergangenheitsformen verstanden hat, daß in der Regel ein „ge-" vor ein Verb gehört und ein „-t" angehängt werden muß, wenn die Vergangenheitsform ausgedrückt werden soll. Aber es gilt noch zu lernen, daß es eine ganze Reihe von Ausnahmen gibt.

In der gleichen Weise sagt das Kind möglicherweise: „Schau! Zwei Apfeln!", und zeigt damit, daß es die Pluralbildung durch das Anhängen von „-en" verstanden hat. Später – vielleicht erst, wenn es in die Schule kommt – lernt es, daß es im Deutschen viele Möglichkeiten der Partizip-Perfekt-Bildung gibt. Und irgendwann lernt es, daß es „geklungen" und „Äpfel" heißt.

Die meisten Kinder bewältigen die Tücken der deutschen Grammatik, ohne daß sie ihnen explizit beigebracht wird. Wenn Ihr Kind die Wörter nicht in der richtigen Reihenfolge setzt oder mit drei Jahren immer noch im Telegrammstil spricht, sollte man sehr genau eingrenzen, wo die Schwierigkeiten liegen und sich überlegen, wie man ihm helfen kann.

Wenn aber nur gelegentlich allgemein übliche Grammatik- und Sprachfehler gemacht werden, sollten die Vorschläge in diesem Buch (S. 52ff) ausreichen, diese zu überwinden und zugleich den Wortschatz zu erweitern. Das Richtige zu wiederholen kann sehr viel effektiver sein, um Sprach- und Grammatikfehler zu beheben und den Wortschatz zu festigen, als zu korrigieren „Nein, das heißt ..."

Wenn Ihr Kind sagt: „Sie ist hingefallt!" antworten Sie einfach: „Ja, ich hab's gesehen, sie ist hingefallen!" Und wenn es sagt: „Olannschensaft!", dann fragen Sie: „Möchtest du noch etwas Orangensaft?"

Was? Warum? Wann? Wie?

Kinder stellen ständig Fragen. Auch wenn das etwas anstrengend ist – dies ist der Weg, auf dem sie sprechen lernen und ihren Wortschatz erweitern.

Wie man häufige Fehler korrigiert

Pluralformen

Wenn Ihr Kind keine oder falsche Pluralformen verwendet („zwei Auto", „drei Kranen" statt „Kräne"), versuchen Sie, eine einfache Form von Memory mit ihm zu spielen. Dabei kann man eben ganz spielerisch die Pluralformen üben: „Ah, eine Maus – zwei Mäuse!"

Mir, dir und mich, dich

Wenn Ihr Kind Schwierigkeiten hat, zwischen „mir, dir" und „mich, dich" zu unterscheiden, können Sie die richtigen Formen ganz einfach üben. Spielen Sie mit verschiedenen Gegenständen das einfache Spiel: „Wem gehört das?" – „Der Teddy gehört mir!" Für „mich, dich" ist das beliebte Versteckspiel am besten geeignet „Siehst du mich?" – „ Ich seh' dich!"

Der, die, das

Eines der schwierigsten Kapitel der deutschen Sprache: „der Hund, die Katze, das Schwein", „der Apfel, die Birne, das Obst". Nehmen Sie Ihrem Kind im Spiel nacheinander seine Stofftiere weg, und sagen Sie: „Der Hund gehört mir! Das ist mein Hund!" Der Protest kommt von ganz alleine! „Nein, das ist mein Hund!" Machen Sie nicht zuviel auf einmal. Erst nach einigen Wiederholungen können Sie Gegenstände einführen, die anderen Personen gehören. „Wem gehört die Tasche? – Sie gehört Papi! – Das ist seine Tasche!"

Tun

Vielleicht verwendet Ihr Kind dieses Wort ein bißchen zu häufig, antwortet vor allem auf die Frage „Was tut er oder sie?" mit „Sie tut über das Seil springen".

Als erstes sollten Sie Ihr Kind ermutigen, das Verb allein zu gebrauchen. Erklären Sie ihm, daß es nicht notwendig ist, das Wort „tun" zu verwenden. Sie können auch ein Spiel daraus machen, das überflüssige „tun" in den Abfalleimer zu werfen. Und wiederholen Sie den Satz: „Aha, sie springt über das Seil!"

Farben

Für Kinder ist es oft gar nicht so einfach, die Farbbezeichnungen auseinanderzuhalten. Versuchen Sie, Farben mit Dingen in der näheren Umgebung zu assoziieren: „Dein Pullover ist blau wie der Himmel" oder „gelb wie die Sonne", „grün wie das Gras" und „rot wie Blut" (Kinder merken sich das besonders gut!).

Größenvergleiche

Größenvergleiche sind für Ihr Kind ebenso wichtig. Dabei sollten Sie versuchen, die Dinge nicht immer nur als „groß" und „klein" zu beschreiben – verwenden Sie auch „dick" und „dünn", „lang" und „kurz", „breit" und „schmal".

Präpositionen

Wenn Sie die Präpostionen – also „in, auf, unter, neben, hinter, vor" – einführen, sollten Sie immer nur zwei auf einmal verwenden und dabei Gegensätze deutlich machen. Zum Beispiel können Sie Spielsachen im Zimmer verstecken: „in der Schachtel", „auf dem Tisch", „unter dem Stuhl", „hinter der Puppenküche" und „vor dem Schrank".

Gleich und verschieden

Bilderpaare von Memory, einem sehr nützlichen Spiel, können verwendet werden, wenn man zeigen will, daß Bilder gleich sind oder auch daß sie verschieden sind. Kinder haben manchmal Schwierigkeiten zu begreifen, daß Dinge verschieden sind, bis man ihnen zeigt, daß sie verschieden sind.

Beschreibende Ausdrücke

Setzen Sie Ihr Kind ruhig einer Vielzahl von Worten aus. Anstatt Ihre Sprache zu stark zu vereinfachen, sollten Sie sich immer ein bißchen über dem Sprachniveau bewegen, das Ihr Kind gerade beherrscht. Wenn Sie Menschen immer nur als „nett" bezeichnen, wie soll Ihr Kind lernen, daß es auch „lustige", „freundliche", „glückliche", „lebhafte", „fröhliche" und „hilfsbereite" Menschen gibt?

Wortgruppen

Sie können den Wortschatz Ihres Kindes sehr gut erweitern, indem Sie es auffordern, alles aufzuzählen, was es anziehen kann, worin es fahren kann und alles, was es essen kann. Vielleicht schneiden Sie aus Prospekten

Gegenstände aus und kleben diese zu verschiedenen Wortgruppen sortiert auf große
Blätter.

Logische Folgen

Zeichnen Sie eine Folge von Tätigkeiten auf
verschiedene Blätter: ein Kind ohne Kleidung,
dann nur mit Unterwäsche, mit Gummihös-
chen darüber, mit Hose und Hemd und zuletzt ganz angezogen mit Schuhen. Lassen
Sie sodann diese Bilder von Ihrem Kind in die
richtige Reihenfolge bringen.

Aussprache

Im Alter von drei Jahren setzen Kinder in der Regel schon
alle Laute ein, die es im Deutschen gibt. Es kann aber sein,
daß einige Laute noch nicht ganz der richtigen Aussprache
entsprechen oder durch andere ersetzt werden: „Sule" statt
„Schule", „tönnen" statt „können". Dreijährige lassen in der
Regel kaum mehr Laute aus, es sei denn bei Doppelkonso-
naten: „Papi macht ‚Baß'" statt „Papi macht ‚Spaß'"

Bis zum Alter von fünf Jahren schreitet die Beherrschung
des Lautsystems rasch vorwärts. Es kann allerdings sein, daß
die erwähnten Doppelkonsonanten, vor allem Konsonant-
Kombinationen mit den Lauten „r, s, sch" noch nicht ganz
so klingen wie sie sollten. Die Übersicht auf Seite 65 zeigt,
ab wann welche Laute gesprochen werden.

Artikulationsschwierigkeiten kann man meist schon erkennen, bevor ein Kind drei Jahre geworden ist. In unsere
Therapiestunden kommen Kinder, die intelligent sind und
alles verstehen, die aber Schwierigkeiten mit der Produk-

tion von Lauten haben. Ein sehr pfiffiger Zweijähriger kam jede Woche in die Sprechstunde, zupfte mich am Ärmel und begrüßte mich mit „Aoh!" Die Mutter kam dann immer rasch mit einem „Hallo!" hinterher. Er sprach einfach keine Konsonanten. Andere Kinder machen den Eindruck, als ob ihnen Sprechen wirkliche Mühe bereitet.

Wenn Sie sich wegen der mangelnden Artikulation Ihres Kindes Sorgen machen, kann Ihnen ein Logopäde helfen, aber ich muß noch einmal betonen, daß Sie sehr viel auch selbst erreichen können und daß „Lautspiele" wirklich Spaß machen.

Wie macht man Spaß mit Lauten? Blättern Sie weiter zu den Beispielen auf den Seiten 60 bis 62. Dort finden Sie unterhaltsame Vorschläge, wie Sie mit Ihrem Kind verschiedene Laute üben können. Denn bevor ein Kind einen Laut innerhalb eines Wortes artikulieren kann, muß es in der Lage sein, diesen Laut auch alleine hervorzubringen.

Es gibt auch eine ganze Reihe von Spielen, anhand derer Sie mit Ihrem Kind Laute üben können. Einige dieser Spiele sind in der nachfolgenden Übersicht beschrieben.

Spiele, mit denen Laute geübt werden können

Bingo

Nehmen Sie sich zwei Spielbretter zur Hand, eines für Sie selbst, eines für Ihr Kind. Suchen Sie Karten/Spielsteine mit Bildern (etwa aus einem Memoryspiel) aus, die sich auf einen bestimmten Laut beziehen. Verteilen Sie einige Bildkarten auf den Spielbrettern und legen Sie die übrigen verdeckt auf einen Stoß in die Mitte des Tisches. Nehmen Sie eine Karte aus dem Stoß und sagen Sie laut das Wort für den darauf abgebildeten Gegenstand. Dann legen Sie die Karte auf das entsprechende Bild auf Ihrem Spielbrett. Nun ist Ihr Kind an der Reihe (bei mehreren Mitspielern der nächste Spieler), eine Karte zu ziehen. Wer als erster alle Bilder abgedeckt hat, ruft „Bingo" und wird zum Sieger erklärt.

Grabbelsack

Geben Sie eine Reihe von Gegenständen in einen Kopfkissenbezug oder in eine Schachtel. Lassen Sie Ihr Kind hineingreifen, einen Gegenstand herausnehmen und ihn benennen.

Angelspiel

Sammeln Sie Bilder von Gegenständen, die mit dem gewünschten Laut beginnen. Basteln Sie aus einem Stock, einer Schnur und einem Magneten eine Angel. Stecken Sie eine Büroklammer an jedes Bild und geben Sie die Bilder in eine Schachtel oder Schüssel. Ihr Kind muß nun benennen, was es herausfischt.

Bildpaare

Schneiden Sie jeweils zwei Bilder von Gegenständen, die mit einem bestimmten Laut beginnen, aus. Legen Sie die Bilder verdeckt auf den Tisch. Drehen Sie nun mit Ihrem Kind so lange abwechselnd die Bilder um und benennen Sie die Gegenstände, bis alle Paare zusammenpassen.

Lautschnipseleien

Legen Sie zusammen mit Ihrem Kind ein Heft an, in das Sie bestimmte Laute einkleben, die Sie aus Zeitschriften usw. ausgeschnitten haben.

Ostereiersuchen

Mit dem Eiersuchen muß man nicht bis Ostern warten, und es müssen auch nicht unbedingt Ostereier sein, die man versteckt. Nehmen Sie Gegenstände, deren Bezeichnung Lautfolgen aufweist, die Sie besonders üben möchten, und verstecken Sie diese im Zimmer. Begleiten Sie das Suchen mit Fragen nach dem Gegenstand, damit Ihr Kind immer wieder die richtige Aussprache hört, und lassen Sie es dann die gefundenen Gegenstände benennen.

Kegeln

Stellen Sie Gegenstände wie Kegel auf. Rollen Sie einen Ball dagegen und benennen Sie den Gegenstand bei einem Treffer. Wechseln Sie sich mit Ihrem Kind ab. Wenn Ihr Kind nichts sagt, benennen Sie selbst den Treffer.

Was fehlt?

Legen Sie zwei oder drei Gegenstände oder
Bilder in einer Reihe auf den Tisch. Beim Auf-
legen benennen Sie die Gegenstände, und
dann lassen Sie Ihr Kind sagen, wie sie heißen
oder was sie darstellen. Dann heißt es: „Augen zu!", und Sie nehmen unterdessen einen
der Gegenstände weg. Und dann kommt natürlich die Frage „Was hab' ich weggezau-
bert?" Kein Kind kann sich diesem Spiel entziehen. Sollte es nicht gleich erraten, was
fehlt, können Sie ein bißchen nachhelfen.
Denken Sie immer daran: Das Ganze ist ein
Spiel! Wenn Ihr Kind den Eindruck bekommt,
daß Sie ihm eine Art Unterrichtsstunde geben,
wird es die Lust verlieren.

Laute und wie man sie macht

Sie können Ihrem Kind helfen, bestimmte Laute hervorzubringen, nicht nur, indem Sie diese vorsprechen, sondern auch, indem Sie ihm zusätzlich erklären, wie wir es anstellen, sie im Mund- und Rachenraum zu bilden.

Nehmen Sie einen Laut, den Ihr Kind gut nachmachen kann, und bleiben Sie einige Zeit dabei. An dieser Stelle geht es ausschließlich um die Laute, die Schreibweise der im folgenden angeführten Wörter soll uns also nicht interessieren. Der Laut „fff" findet sich in „Fuß" ebenso wie in „Vogel", der Zischlaut „sschhh" in „Schule", „S(ch)patz" und „S(ch)tein".

m | Die Biene macht „hmmm", und wenn uns etwas gut schmeckt, sagen wir auch „hmmm". Legen Sie die Lippen aufeinander, nehmen Sie die Hand Ihres Kindes und lassen Sie es die Vibration am Hals spüren, wenn Sie den Ton vormachen.

p | Zünden Sie eine Kerze an und zeigen Sie Ihrem Kind, wie man sie mit einem „p-p-p" zum Flackern bringt. Schließen Sie Ihre Lippen fest. Sie können die Luftstöße beim Öffnen der Lippen auch auf Ihrer Handfläche spüren. Spaß macht es auch, wenn Sie sich Ihrem Kind am Tisch gegenübersetzen und Sie beide sich gegenseitig einen kleinen Wattebausch zupusten.

b | Ein hüpfender Ball oder auch ein Traktor macht „b-b-b". Legen Sie Ihre Lippen aufeinander und öffnen Sie sie mit einem lauten Ton.

n | Ein vorbeifahrendes Motorrad oder Rennauto macht „nnn". Nehmen Sie also ein kleines Auto

oder Motorrad, legen Sie die Zungenspitze hinter
die oberen Schneidezähne und lassen Sie das Auto
an Ihrem Kind vorbeisausen. Es wird – mit dem
entsprechenden Geräusch – ganz von selbst mitspielen. Wenn das klappt, sollten Sie Ihrem Kind
mit einem mehrmaligen „Nein-nein-nein!"etwas
verbieten – natürlich nur spielerisch.

w   Eine Puppe, die weint, macht „www". Legen Sie
die Lippen locker und wie zum Pfeifen nach vorne
gestülpt aufeinander, lassen Sie Ihr Kind das nachmachen, und bitten Sie es, Ihnen zu zeigen, wer
schlimmer weint, die Puppe oder der Bär.

t   Der tropfende Wasserhahn sagt „t-t-t". Drücken
Sie die Zunge hinter die obere Reihe der Schneidezähne und lassen Sie mit dem Ausatmen die Zunge fallen.

h   Wenn der kleine Stoffhund lange gelaufen ist,
muß er fürchterlich keuchen: „h-h-h". Sie können
auch auf allen vieren gehen und mit Ihrem Kind
„Hund" spielen. Sie werden sich wundern, wer
schneller außer Atem ist.

d   Verstecken Sie einen Gegenstand hinter dem
Rücken und fragen Sie: „Wo ist ...?". Wenn Sie
den Gegenstand hervorholen, rufen Sie: „Da!".
Legen Sie die Zunge hinter die obere Reihe der
Schneidezähne und lassen Sie ohne Ausatmen die
Zunge fallen.

k   Das Klacken der Absätze macht „k-k-k". Öffnen
Sie den Mund und tun Sie so, als ob Sie husten
müßten. Drücken Sie die Zunge vorne nach unten,
und im hinteren Teil des Mundes wird nahezu

automatisch der Laut entstehen. Lassen Sie Ihr Kind diese Zungenbewegung ausprobieren.

j Setzen Sie ein breites Grinsen auf und klemmen Sie die Zunge hinter die unteren Zähne. Fragen Sie: „Bist du der kleine Räuber? Die Antwort kann nur lauten: „Ja-ja-ja!".

l Die Melodie von „Hänschen klein" mit dem „Text" „La-la-la!" gesungen ist die beste Übung für diesen Laut. Nehmen Sie die Hände Ihres Kindes und dirigieren Sie gemeinsam.

f Der Spielzeughase sagt „f-f-f" mit seinen langen Vorderzähnen. Beißen Sie mit Ihren Schneidezähnen auf die Unterlippe und blasen Sie.

r Als es auch in der Stadt noch Pferde gab, wußte jedes Kind, wie man sie zum Stehen bringt: „Brrrr!" Aber warum sollten Sie nicht mal das Pferd spielen. Selbstverständlich müssen Sie sofort stehenbleiben, wenn der kleine Reiter „Brrrr!" sagt. Wenn Sie Ihre Knie schonen wollen, verlegen Sie diese Übung auf das Gurgeln beim Zähneputzen: "Grrrr!"

s Wenn die Puppen schlafen wollen, müssen alle ganz leise sein. „Ps-s-s" ist dafür die richtige Aufforderung. Beißen Sie leicht mit den Zähnen aufeinander, versuchen Sie ein Grinsen und pressen Sie die Zunge an die Oberzähne.

z Wenn wieder etwas zu Boden fällt, die Milch überkocht oder der Spielzeugbär nicht stehenbleiben will, gibt es nur eins: den Kopf schütteln und „Z-z-z!" sagen. Dieses gespielte Unverständnis lieben Kinder sehr. Zwischen den Zahnreihen eine kleine

Lücke lassen, mit der Zunge dagegendrücken und ausatmen.

tsch Es gibt sie zwar nur noch im Museum, aber eine richtige Lokomotive macht immer noch „Tsch-tsch-tsch!" Zwischen den Zahnreihen eine kleine Lücke lassen, mit der Zunge gegen die obere Zahnreihe drücken und ausatmen.

pf Man kann aus einem „Pferd" zwar nicht die Luft herauslassen, aber wenn Sie einen Ballon aufblasen, macht er auch „Pffff", wenn Sie ihn nicht zuknoten. Lippen leicht aufeinanderdrücken und die Atemluft hindurchpressen.

Fabel-
haft! Die
Zunge noch
etwas tiefer!

Die letzten Feinheiten
5 Jahre und mehr

Reden
Zuhören
Zeit haben
Ermuntern

Hören Sie den Geschichten Ihres Kindes genauso aufmerksam zu, wie Sie gerne möchten, daß es den Ihrigen lauscht.

Im Alter von fünf Jahren beherrscht Ihr Kind das Sprechen fast so gut wie Sie selbst. Der Wortschatz wird zwar noch wachsen (ein Vorgang, der ein ganzes Leben anhält), aber Ihr Kind ist jetzt mit den meisten Regeln unserer Sprache vertraut und kann sie einsetzen.

Auch wenn es schon fließend spricht, sollten Sie aber nicht aufhören, ihm weiter Anregungen zu geben. Die meisten Hilfestellungen, die in diesem Buch beschrieben werden, sind auch für Schulkinder geeignet. Nachfolgend eine kurze Zusammenfassung zur Erinnerung!

- Sprechen Sie weiterhin mit Ihrem Kind über die Welt, erklären Sie, was es mit den Dingen auf sich hat, wo man sie findet und wie sie funktionieren.
- Ihre Unterhaltungen können Sie jetzt schon eine Stufe höher ansetzen, indem Sie Alternativen und mögliche unterschiedliche Resultate vorstellen.
- Auch wenn Ihr Kind schon selbst lesen kann, sollten Sie nicht die herrlich geruhsamen Vorlesestunden der ersten Jahre aufgeben.Versuchen Sie, gemeinsam Romane für Kinder zu lesen. Es gibt da wirklich eine große Auswahl, und Ihre örtliche Leihbücherei kann Ihnen sicher geeignete Titel empfehlen.
- Natürlich sollten Sie auch praktizieren, was Sie predigen: Wenn Ihr Kind Sie lesen sieht, wird es sich sehr viel lieber selbst hinsetzen und ein Buch genießen.
- Ermuntern Sie Ihr Kind, Fragen zu stellen.

- Nehmen Sie sich nach wie vor Zeit, mit Ihrem Kind zu spielen und seine Gesellschaft zu genießen.
- Hören Sie genau zu, wenn Ihr Kinder Geschichten erzählt, und zwar genauso aufmerksam, wie Sie erwarten, daß es Ihren Geschichten lauscht.
- Nehmen Sie sich Zeit, über Ihre Erlebnisse während des Tages zu reden. Achten Sie darauf, daß auch Ihr Kind erzählen darf. Bleiben Sie lieber bei den Tatsachen – nicht jeder Tag verläuft glatt –, und über Schwierigkeiten zu reden und Lösungsmöglichkeiten zu diskutieren kann nicht nur für Sie selbst eine Erleichterung sein.
- Der Fernseher oder das Radio sollten ausgeschaltet bleiben, wenn Familienangelegenheiten besprochen werden.
- Überhaupt sollte Fernsehen bewußt gestaltet werden. Sehen Sie gemeinsam fern und sprechen Sie darüber.

Welche Laute wann produziert werden

6 Wochen	1.-6. Monat	6. Monat	6.-12. Monat
ah, ää, gu, nga (anderes Klangbild als bei Erwachsenen)	universelles Lautrepertoire, d.h. zunächst Laute, die nicht nur in der Muttersprache vorhanden sind. Vokale, dann die Konsonanten h, g, k, r, später p, b, m, t, d, und n	Reduplikation von Konsonanten und Vokalfolgen wie dada, tata, nana, mama, didi	Lautproduktion wird auf die etwa 20-40 Laute der Muttersprache eingeschränkt

Mit 20 Monaten verfügen Kinder über einen Wortschatz von etwa 50 Wörtern, am Ende des zweiten Lebensjahres von etwa 200 Wörtern.

Von anderen sprechen lernen

Spaß und Ernst zugleich
Die Rolle des Spiels

Man war immer der Meinung, daß Spielen Spaß macht. Bis zu Beginn dieses Jahrhunderts verurteilte die Gesellschaft Spielen aber als reine Zeitverschwendung. Kinder, so dachte man, spielen, weil sie noch nicht fähig sind, etwas Nützlicheres zu tun. Sobald die Kinder aber in die Schule kamen, erwartete man von ihnen, daß sie arbeiteten. Spielen war etwas für Sonn- und Feiertage und nur erlaubt, wenn die Arbeit erledigt war. Spielen ist für ein Kind aber genauso sinnvoll wie Arbeiten.

Mittlerweile wissen wir, daß Spielen die wichtigste Beschäftigung überhaupt im Leben eines Kindes ist – von der Geburt bis zum Alter von etwa sieben Jahren. Die meiste Zeit des Wachzustandes verbringt ein Kind mit Spielen. Spielen fördert die körperliche und soziale Entwicklung und beeinflußt natürlich auch die Sprachentwicklung. Es ist weit mehr als nur ein Zeitvertreib oder eine Art, Kinder zu beschäftigen. Wenn Sie Ihr Kind beim Spielen beobachten, sollten Sie sich bewußt machen, daß es beim Spielen gleichsam intensiv arbeitet. Vielleicht erforscht es gerade sich selbst oder seine Umgebung. Vielleicht übt es gerade Fertigkeiten, die es bereits kann, oder es lernt neue – sein Spiel ist jedenfalls niemals sinnlos!

Für die meisten Kinder ist Spielen selbstverständlich. Erwachsene müssen sich oftmals erst mühevoll bewußt machen, daß die vielen Stunden, die sie mit Spielen verbracht haben, die Grundlage für ihr intellektuelles Denken bilden. Zweckfreies Spielen ist unersetzlich, allerdings kön-

Was kann Spielen bewirken?

- Spielen ist für ein Kind von allergrößter Bedeutung. Es ist eine ernsthafte Beschäftigung, die Erwachsene niemals in Frage stellen sollten.

- Spielen ermöglicht Ihrem Kind, durch Beobachten, Erkunden und Erforschen neue Fertigkeiten zu entwickeln.

- Beim Spielen kann Ihr Kind Fertigkeiten üben, die es bereits gelernt hat.

- Spielen fördert das Verständnis von Sprache, die Bildung von Konzepten und die Ausdrucksfähigkeit. Kinder sind selten still, wenn sie spielen, selbst wenn sie alleine sind. Sie begleiten ihr Spiel mit Lautmalereien und lernen dabei, wie man Informationen auswählt und diese weiterleitet. Im Spiel können sie Fragen stellen.

- Spielen macht Spaß.

- Spielen vertreibt Langeweile, lockert Frustrationen und setzt außerdem überschüssige Energie frei. Im Spiel sammelt Ihr Kind neue Erfahrungen und lernt, seine Erfolgserlebnisse, seine Mißerfolge, Zufriedenheit, Freude und Frustration auszudrücken.

- Im Spiel schlüpft Ihr Kind in die Rollen anderer Menschen und es entwickelt eine eigene sexuelle Identität.

- Beim Spielen schließen Kinder Freundschaften und lernen, in Zusammenarbeit mit anderen etwas zu schaffen. Ihr Kind lernt im Spiel, sowohl mit sich alleine als auch mit anderen zurechtzukommen.

- Spielen erlaubt Ihrem Kind, kreativ und unabhängig zu sein, wobei das Niveau seiner Kreativität und die Entdeckerfreude unweigerlich von seiner Umgebung geprägt werden.

nen Erwachsene die spielerische Tätigkeit des Kindes so verändern und lenken, daß sein gesamtes Geistespotential ausgeschöpft wird.

Die meisten Kinder wollen sprechen lernen, später lesen und schreiben, und viele Spiele und Spielsachen, mit denen sie sich in frühen Jahen beschäftigen, unterstützen diesen natürlichen Ehrgeiz. Tatsächlich lernen Kinder, die oft spielen konnten und ein breites Angebot an Spielmöglichkeiten hatten, leichter sprechen, lesen und schreiben.

Kinder spielen ganz unterschiedlich

Mit der körperlichen Entwicklung Ihres Kindes ändert sich auch seine Art zu spielen. Je geschickter und erfahrener ein Kind wird, um so kreativer, abwechslungsreicher und vielseitiger gestaltet es sein Spiel.

Entdeckungen

Im Alter von drei Monaten beginnt ein Kind, seine Umgebung genauer zu beobachten, es entdeckt Gegenstände, die seine Neugier wecken, und damit sein Verlangen zu lernen. Ihr Kind wird alle seine Sinne daransetzen, herauszufinden, was es mit diesen Gegenständen auf sich hat. Es wird alles genau betrachten, möglichst berühren, probieren, wie etwas schmeckt, daran riechen, jedem Geräusch aufmerksam lauschen.

Die Bewegung der Finger beeinflußt wesentlich die Koordination von Augen und Händen. Ein Kind schaut in die Richtung, aus der ein Laut kommt. Es merkt, wenn einige Gegenstände lange oder immer am selben Platz stehen, andere nur vorübergehend vorhanden sind; beides vermittelt ihm ein Gefühl für Raum und Zeit. Entscheidend ist außerdem, daß Ihr Kind in dieser Phase seinen eigenen Körper kennenlernt.

Die nachfolgenden „Fingerspiele" mögen es in dieser Phase unterstützen:

- Mit dem Zeigefinger sanft über die Handinnenfläche streichen und sie abschließend mit allen fünf Fingern kitzeln. Das Ganze mit rhythmischen Worten begleiten wie:
  „Sälzchen – Bütterchen – Brötchen – Krabbelkrabbelkrötchen!"

- Mit dem Zeige- und Mittelfinger von der Hand hoch über die Schulter bis zum Kinn wandern und dazu aufsagen:
  „Da kommt ein Bär
  er tappt daher
  und fragt, wo der/die ... wär!"

- Und natürlich das bekannte Fingerspiel, bei dem jeder Finger einzeln angetippt wird:
  „Das ist der Daumen,
  der schüttelt die Pflaumen.
  Der hebt sie auf,
  der trägt sie nach Haus,
  und der kleine Schelm
  ißt sie alle auf."

Lernen durch Nachahmen
Im Alter von ungefähr neun Monaten wird Ihr Kind beginnen, alles, was es in seiner nächsten Umgebung tagtäglich sieht und hört, nachzuahmen. Kleinkinder lieben es geradezu, ihre Eltern zu imitieren, und nutzen jede Gelegenheit, ihre Vorbilder zu beobachten. Wenn Sie ihnen ungefährliche und eindeutige Nachbildungen der Gegenstände überlassen, die Sie selbst benutzen, werden Ihre Kinder dieselben alltäglichen Aufgaben im Haushalt erledigen wie Sie. Zugleich lernt es bestimmte Handgriffe und begreift im Laufe der Zeit, warum diese für bestimmte Tätigkeiten notwendig sind.

Bewegung ist wichtig

Gönnen Sie Ihrem Kind viel Bewegung, denn körperliche Betätigung unterstützt seine Entwicklung. Das Kind lernt, seinen Körper zu kontrollieren und seine Bewegungen aufeinander abzustimmen. Sobald es sich fortbewegen kann, wird es seine Umgebung erkunden wollen. Lassen Sie Ihr Kind deshalb nach Herzenslust krabbeln, sich kugeln, hüpfen und klettern, und greifen Sie nur ein, wenn es gefährlich wird.

Konstruktive Spiele

Im Alter von etwa 18 Monaten wird Ihr Kind anfangen, zielorientierter zu spielen, auf etwas hinzuarbeiten, zum Beispiel einen Turm aus Bauklötzen bauen. Dabei entwickelt sich die Koordination von Augen und Händen, und zugleich wird das Gedächtnis trainiert. Außerdem erfährt es etwas über Größe,

Gestalt, Oberflächenstruktur, Gewicht und Farbe von Gegenständen.

Phantasiespiele

Kinder benutzen Gegenstände und Gesten, um Dinge oder Ereignisse darzustellen, die nicht wirklich vorhanden sind. Phantasiespiele, in denen Situationen nachgeahmt und gespielt werden, unterstützen die Entwicklung der Sprache und des sozialen Verhaltens.

Phantasiespiele bereiten Ihr Kind auf die vielfältigen, alltäglichen Situationen und zwischenmenschlichen Beziehungen vor, denen es später begegnen wird. Zugleich aber entwickeln sich positive Wertvorstellungen und Verhaltensweisen. Rollenspiele helfen Ihrem Kind, andere zu verstehen, indem es in die Rolle eines anderen hineinschlüpft.

Phantasiespiele regen vor allem aber die Kreativität an. Je abwechslungsreicher die Umgebung Ihres Kindes gestaltet ist, um so größer sind seine Möglichkeiten, Erfahrungen umzusetzen und selbst zu entscheiden, womit und was es spielen möchte.

Die zunehmende Vielseitigkeit seines Spiels steht in einem direkten Zusammenhang mit seiner wachsenden Fähigkeit, zu denken und Sprache einzusetzen. Schwierigere Denkstrukturen ziehen schwierigere Spiele nach sich und umgekehrt.

Gesellschaftsspiele

Spiele, die nach bestimmten Regeln verlaufen, fördern die Fähigkeit, zu teilen und sich mit anderen abzuwechseln. Jeder Mitspieler muß bestimmte Spielanweisungen befolgen und den Ausgang des Spieles besprechen und hinnehmen können. Wenn Ihr Kind lernt zu gewinnen und zu verlieren, dann übt es zugleich seine sprachlichen Fähigkeiten und sein soziales Verhalten.

Mit Spielzeug sprechen lernen

Wenn Sie Ihrem Kind ein Spielzeug kaufen, auswählen oder basteln, sollten Sie immer sein sprachliches Niveau vor Augen haben. Wie umfangreich ist sein Wortschatz? Ist es in der Phase der Ein-Wort- oder der Drei-Wort-Sätze?

Sehen Sie sich jedes Spielzeug genau an und überlegen Sie, welche Wörter Sie damit vielleicht vermitteln können und welche Ihr Kind nachsprechen kann, während Sie mit ihm spielen.

Sprechen Sie beim Spiel mit Ihrem Kind, und lassen Sie ihm immer Zeit, zu antworten und selbst zu sprechen.

Wir wollen uns einige Spielsachen herausgreifen und überlegen, welche sinnvoll auf die Sprachentwicklung des Kindes wirken.

Bauklötze

Bauklötze können vieles darstellen, Menschen, Autos, Eisenbahnen:

- Bauklötze kann man verwenden, um Zahlen, Farben und Formen zu vermitteln.
- Mit Bauklötzen kann man Zahlen und Farben einüben.
- Begriffe wie „mehr", „oben drauf", „umfallen" oder „herunterfallen", „unten" und „oben" lassen sich einfach demonstrieren.

Puzzles

Kinder mogen Puzzles und setzen sie unermüdlich immer wieder zusammen. Sie eignen sich ideal, um neue Wörter zu lernen:

- Fragen Sie Ihr Kind: „Wo ist ...?"
- Das Kind fragt nach weiteren Teilen, wenn es alle bisherigen zusammengesetzt hat.

- Es werden Wörter benutzt, wie „hier", „dort", „dorthin(ein)" und „in diese Lücke".
- Halten Sie zwei Puzzleteile hoch und lassen Sie Ihr Kind sagen, welches von beiden es möchte.

Seifenblasen

Seifenblasen sind preiswert und machen Kindern Spaß:

- Nutzen Sie dieses Spiel zur Vermittlung von Aussagen wie „mehr", „geplatzt", „alle weg", „Blasen", und „keine mehr".

Wer braucht Spielsachen?

Spielsachen sind nicht immer notwendig, denn ein Kind wird mit jedem beliebigen Gegenstand spielen, also muß man Spielsachen nicht immer fertig kaufen. Und zu künstlerischen Aktivitäten kann man ein Kind auch bereits vor dem Kindergartenalter animieren. Die meisten Dinge, die Sie zum Spielen verwenden können, haben Sie wahrscheinlich schon zu Hause. Werfen Sie nichts weg! Hier ein paar Vorschläge für kreatives Spielen:

Mit dem Neugeborenen

- Halten Sie Ihr Kind so nah vor sich hin, daß es Ihnen direkt in die Augen schauen kann, und wiegen Sie es sanft hin und her.
- Unterhalten Sie sich mit ihm und machen Sie ihm dabei vor, wie man mit dem Kopf nickt, die Augen und den Mund bewegt. Es wird Sie sicher bald nachahmen.

Bis zum 6. Monat

- Machen Sie Ihrem Kind vor, wie man bläst oder mit den Augen blinzelt. Vielleicht reagiert Ihr Kind sogar mit Lauten, als ob es sich mit Ihnen unterhalten möchte.
- Zeigen Sie Ihrem Kind irgendeinen Gegenstand, verbergen Sie ihn kurz darauf und fragen Sie: „Wo ist es?" Wenn Sie ihn wieder hervorholen, sagen Sie: „Da ist es!"
- Bringen Sie in der Nähe Ihres Kindes ein Mobile an und geben Sie ihm Dinge, die es leicht selbst bewegen kann, eine Zwirnrolle, Silberfolie und Bändchen, die sich leicht wegblasen lassen.
- Spielen Sie „Kuckuck".
- Geben Sie ihm Gelegenheit, Sie zu berühren und an Ihren Haaren zu ziehen. Kitzeln Sie Ihr Kind. Das Vergnügen wird für Sie beide unbeschreiblich sein.
- Lassen Sie Ihr Kind in der Badewanne herumspritzen und halten Sie es so auf Ihrem Arm, daß es auf der Oberfläche schwimmt.

6 bis 9 Monate

- Wechseln Sie zwischen Bewegungsspielen wie unter den Armen halten und hin- und herschwingen, Hände klatschen und einer lautstarken Balgerei ab.
- Erzeugen Sie mit Reiskörnern in einem Topf Geräusche, rasseln Sie mit Schlüsseln und rollen Sie Ihrem Kind Wollknäuel zu. Legen Sie Gegenstände in seine Nähe, mit denen es auf den Boden hauen oder die es gegeneinander schlagen darf.
- Spielen Sie „Backe, Backe, Kuchen!".
- Legen Sie Ihre beiden Hände so zusammen, daß sie ein Schiff bilden. Strecken Sie die Daumen in die Höhe. Ihr Kind wird die Daumen begierig ergreifen, und dann spielen Sie ein schwankendes Schiff und sprechen dazu:

„Fährt ein Schiffchen übers Meer,
wackelt hin und wackelt her.
Kommt ein frischer Wind,
fährt das Schiff geschwind.
Kommt ein starker Sturm daher,
schüttelt's arme Schifflein sehr –
und auf einmal bum!
fällt das Schiffchen um!"

- Kreisen Sie mit dem Zeigefinger einer Hand wie eine Fliege durch die Luft, mit der anderen Hand bilden Sie ein Froschmaul, mit dem Sie versuchen, die Fliege zu fangen. Sprechen Sie einen rhythmischen Vers dazu:

„Sehet Kinder, seht mal an,
wie die Fliege fliegen kann,
rundherum und in die Höh'!
Doch da kommt der Frosch, o weh!
Quak, quak, quak und eins, zwei, drei,
mit der Fliege ist's vorbei!"

- Bauen Sie gemeinsam Türme aus Joghurtbechern oder Schachteln, und lassen Sie die Türme am Ende einstürzen.

9 bis 12 Monate
- Lassen Sie Ihr Kind neue Arten der Fortbewegung ausprobieren, setzen Sie es im Supermarkt in einen Einkaufswagen.
- Jedes Kind spielt gerne mit Wasser, vor allem in der Badewanne.
- Benutzen Sie immer wieder rhythmische Reime, und spielen Sie Ihrem Kind mit den Händen etwas dazu vor.
- Fordern Sie Ihr Kind auf, Sie nachzuahmen, wenn Sie mit der Zunge schnalzen, mit den Lippen schmatzen, winken, klatschen oder mit den Händen auf den Tisch klopfen.
- Deuten Sie auf sein Spiegelbild und bieten Sie diesem einen Gegenstand an.
- Verstecken Sie sich und rufen Sie „Kuckuck!", damit ihr Kind Sie findet.
- Bitten Sie Ihr Kind, Ihnen etwas zu geben, und bedanken Sie sich überschwenglich.
- Krabbeln Sie mit ihm auf allen vieren auf dem Boden, und entdecken Sie gemeinsam die Umgebung.

12 bis 18 Monate
- Ermuntern Sie Ihr Kind, Ihnen im Haushalt zu helfen, abzuspülen oder den Boden zu fegen. Dabei sollte es Ihnen nur auf die Tätigkeit ankommen, nicht auf die Effektivität. Spielen Sie „Telefonieren". Die Telefongesellschaften geben gelegentlich alte Apparate ab, mit denen es einem Kind viel mehr Spaß macht anzurufen, als mit einer Nachbildung aus dem Spielwarenladen.

- Verwandeln Sie alltägliche Routinearbeiten in Spiele, etwa das Anziehen oder das Aufräumen nach dem Einkaufen. Lassen Sie sich auch beim Tischdecken helfen. Es ist erstaunlich, wie vorsichtig Kinder eine Tasse oder einen Teller tragen, wenn man ihnen die Verantwortung dafür überträgt.
- Verstecken Sie Gegenstände im Zimmer und suchen Sie sie gemeinsam.
- Spielen Sie „Ringel-ringel-reihen", ein Spiel, bei dem Sprache und das Gefühl für Bewegung gleichzeitig geübt werden.
- Machen Sie einen Spaziergang in den Park, füttern Sie die Enten, ahmen Sie dabei das Quaken und Schnattern nach.
- Führen Sie ein einfaches Tagebuch und tragen Sie die Entwicklungsschritte Ihres Kindes ein.

2 bis 3 Jahre

- Lassen Sie unbedingt zu, daß Ihr Kind sich in diesem Alter schmutzig macht.
- Kinder pantschen leidenschaftlich gern und ausgiebig mit Wasser und Sand oder Erde. Überlassen Sie ihnen alte Eimer und ausgediente Küchensiebe.
- Knetteig eignet sich gut für Spiele in der Puppenküche. Ihr Kind kann mit Ihren Formen kleine Kuchen ausstechen.
- Spielen Sie mit Puppen und Bären. Stellen Sie kleine Plastikbecher und -teller zur Verfügung, und improvisieren Sie aus allen möglichen Schachteln Möbel. Eine Puppe schläft auch in einer Schuhschachtel recht gut.
- Kleben Sie mit Ihrem Kind ein Bild aus Muscheln, Federn und Blättern auf ein weißes Stück Papier.
- Werfen Sie ein Laken über einen Tisch, so daß es bis zum Boden überhängt und machen Sie es sich in diesem Haus mit Ihrem Kind gemütlich.
- Legen Sie ein Brett über zwei Steine, und lassen Sie Ihr Kind auf dem Brett balancieren.
- Basteln Sie ein Angelspiel aus Korken, Büroklammern, Kordel, einer Pappschachtel und Magneten.
- Stellen Sie drei oder vier Stühle hintereinander auf und spielen Sie Eisenbahn.
- Stellen Sie leere Büchsen aufeinander und lassen Sie Ihr Kind mit einem Ball danach werfen.
- Basteln Sie aus einem alten Strumpf eine Puppe.
- Zeichnen Sie auf ein großes Stück Papier den Körperumriß Ihres Kindes. Schneiden Sie dann die Zeichnung aus, und machen Sie ein großes Puzzle daraus.

3 bis 4 Jahre

- Fädelt Ihr Kind gefärbte Makkaroni auf ein Stück Schnur, hat es ganz schnell eine neue Halskette.
- Aus Knetteig können vielseitige Figuren hergestellt werden. Lassen Sie der Phantasie Ihres Kindes freien Lauf.
- Sortieren Sie gemeinsam verschiedene Knöpfe und Deckel in einen leeren Eisbehälter.

- Fertigen Sie eine sogenannte „Nähkarte" an. Zeichnen Sie ein Bild auf ein Stück Karton. Stechen Sie im Abstand von ein oder zwei Zentimetern Löcher hinein. Ihr Kind kann dann mit einer großen Nadel und verschiedenfarbiger Wolle das Bild umnähen.
- Die Phantasiespiele können jetzt schon viel komplizierter werden.

Rhythmus
Die Rolle der Musik und anderer Geräusche

Musik und rhythmische Geräusche sind Teil unserer Umgebung. Sie müssen nicht im Schulchor gewesen sein, um als Sänger in die Hitparade zu kommen. Ihren Kindern macht es nichts aus, wenn Sie die Töne nicht genau treffen, Hauptsache Sie teilen mit ihnen die Freude an der Musik. Die Hörfähigkeiten, die Kinder im Umgang mit Musik erwerben, fördern ihre gesamte Entwicklung. Im Schulunterricht kommt es letztendlich auch darauf an, wie gut ein Kind zuhören kann. Musik hilft dem Kind, sich auszudrücken, und erleichtert ihm so den Kontakt mit seiner Umgebung.

Hören, antworten, singen Freude haben, lernen

Die Hörfähigkeiten, die Kinder durch musikalische Betätigung erwerben, helfen ihrer gesamten Entwicklung. Kinder lernen sehr früh, auf Musik zu reagieren.

Dabei ist es ganz einfach, mit Ihrem Kind Musik zu machen. Alles, was Sie brauchen, sind Ihre beiden Stimmen.

Kinder reagieren bereits in einem sehr frühen Alter auf Musik, manche sogar schon, bevor sie geboren sind. Viele Mütter haben während ihrer Schwangerschaft die Erfahrung gemacht, daß ihre Babys auf Musik ansprechen. Eines unserer Kinder wurde von einem Violinkonzert rasch beruhigt, während es bei Jazzmusik heftig strampelte.

Auch bei Säuglingen läßt sich beobachten, daß Musik einerseits beruhigend wirkt und andererseits starke Reaktionen auslöst. Sie fangen sehr bald an, ihren Körper zur Musik zu bewegen und sich hin- und herzuwiegen. Wenn sie älter sind, versuchen sie dabei, Rhythmus und Töne nachzuahmen. Anfangs sollten Sie Ihrem Kind Melodie und

Text vorgeben und es ermutigen mitzusingen. Später, nachdem Sie bereits mehrfach mit ihm gesungen haben, können Sie Ihr Kind ermuntern, allein zu singen, wenn es das nicht bereits von selbst macht. Es ist ganz offenkundig, daß die Koordination der Körperbewegungen und die körperliche Entwicklung ganz allgemein von einer musikalischen Betätigung profitieren.

Die Stimme Ihres Kindes und Ihre eigene reichen schon aus, um gemeinsam Musik zu machen. Singen kann man zudem überall, im Auto, in der Badewanne, beim Spaziergang im Park!

Singen und Musizieren ist für die sprachliche Entwicklung Ihres Kindes von großer Bedeutung, weil Musik vielerlei zugleich umfaßt:

- Spielen mit der Stimme
- Körperkontakt
- Rollentausch

- Agieren und Sprechen
- Wiederholung
- Zeichensprache

Eines der wichtigsten Dinge, die Kinder durch musikalische und andere Laute erzeugende Aktivitäten erfahren, ist das Gespür für Töne. Ihr Kind mag ein absolutes Gehör haben, dennoch muß es lernen, das, was es hört, zu verstehen und darauf zu antworten. Machen Sie es auf alle möglichen Töne und Geräusche aufmerksam: von Menschen verursachte Geräusche wie Niesen oder Husten, Klänge aus der nächsten Umgebung wie das Tropfen eines Wasserhahns, die Töne unterschiedlicher Melodien wie die von Schlafliedern, Märschen oder von Instrumental- und Orchestermusik.

Helfen Sie Ihrem Kind, in angemessener Weise auf verschiedene Töne zu reagieren. Geräusche in unserer Umgebung – sei es das Quietschen eines Autos, das Klingeln der Straßenbahn, das Prasseln des Regens oder das Singen der Vögel – haben tagtäglich eine jeweils andere Wirkung auf uns. Aufmerksames Zuhören schult das Gehör Ihres Kin-

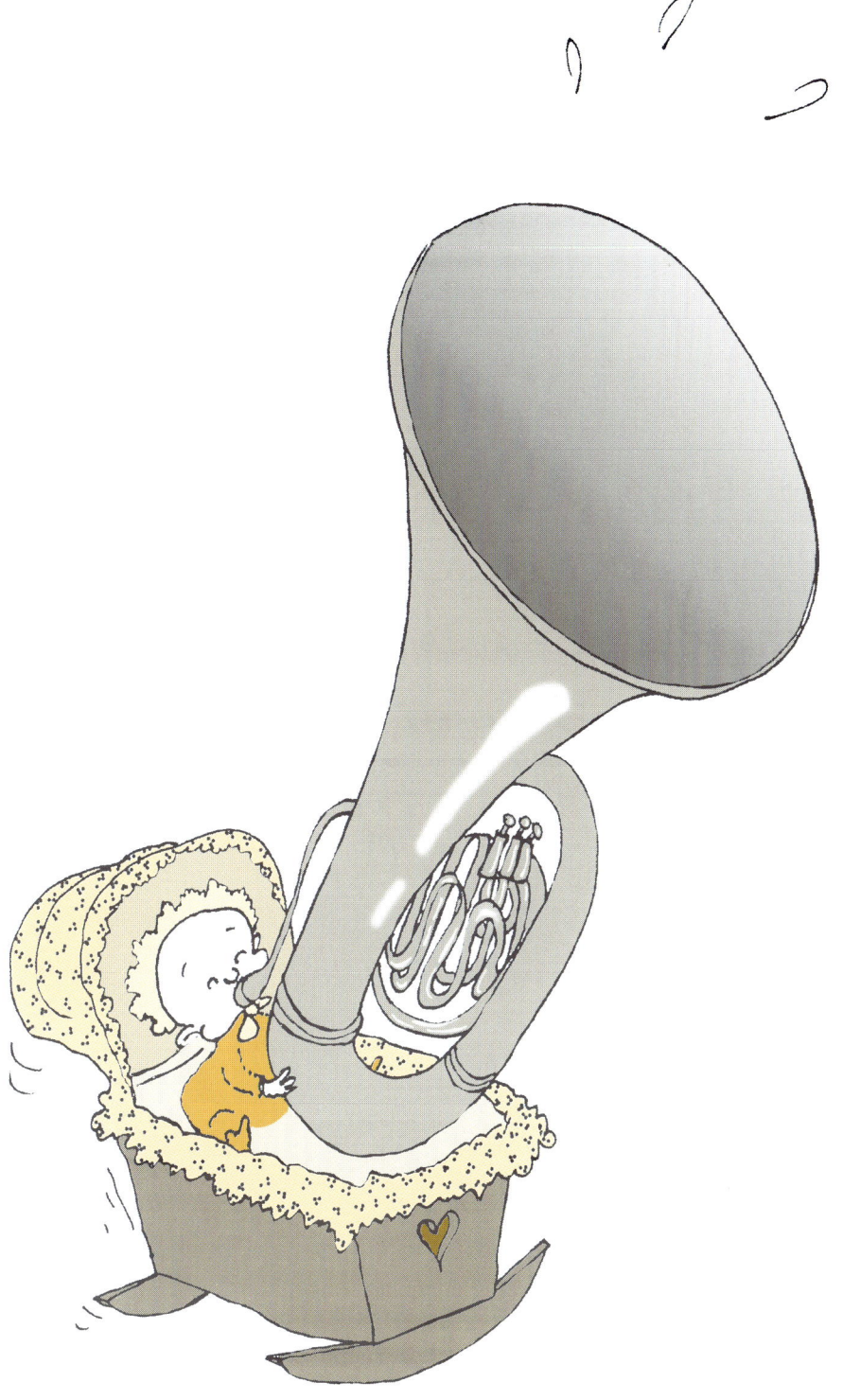

des, es lernt die unterschiedlichen Lautwerte der Sprache kennen, harte und weiche Konsonaten, Zischlaute, und eines Tages wird es sie richtig einordnen und zu gegebener Zeit selbst wiedergeben können. In der Zusammenfassung am Ende dieses Abschnitts werden weitere Möglichkeiten für den Umgang mit Geräuschen angeführt.

Aufmerksames Zuhören ermöglicht Ihrem Kind, die Zusammenhänge zwischen sprachlichen Äußerungen und Handlungen zu verstehen. Kinderreime, Reime, die mit irgendwelchen Tätigkeiten verbunden sind, und natürlich zahlreiche Fingerspiele ziehen unweigerlich die Aufmerksamkeit Ihres Kindes auf sich.

Wenn Sie den Reim an manchen Stellen übertreiben und an bestimmten Stellen Pausen machen, lernt Ihr Kind vorauszuahnen, was kommt. Bei „Hoppe, hoppe Reiter" wird es sich lange, bevor Sie „Plumps" gesagt haben, fallen lassen.

Wenn Ihr Kind älter wird, können Schlüsselwörter vertauscht oder durch andere Silben ersetzt werden, dadurch gewinnen die altbekannten Reime oder Lieder auch wieder an Attraktivität. Die meisten Zwei- bis Zweieinhalbjährigen haben einen Riesenspaß, wenn Sie singen: „Blablabla ging allein, in die weite Hos' hinein!" Es wird nicht lange dauern, bis Sie auf den Fehler aufmerksam gemacht werden.

Benutzen Sie möglichst kurze und witzige Reime. Spielen Sie alle Reimspiele nahe vor dem Gesicht Ihres Kindes, damit es die Bewegung Ihrer Lippen, Augen und Hände gut beobachten kann.

Beliebt sind Fingerspiele, bei denen Sie Ihr Kind berühren. „Vöglein zwitschert piep, piep, piep, hat das Kindlein lieb, lieb, lieb; pick, pick, pick." Stupfen Sie Ihr Kind mit dem Zeigefinger am Hals, an den Bäckchen, überall, wo es kitzlig ist. „Da kommt ein Bär, er tappt daher und fragt, wo der /die ... wär!" Wandern Sie mit zwei Fingern bis an den Hals und kraulen Sie Ihr Kind unter dem Kinn.

Reime trainieren das Gedächtnis und wirken sich somit positiv auf die Lernfähigkeit aus. Die Melodie und der Rhythmus des „Alphabetsongs" in der Sesamstraße wird Ihr Kind lange bevor es die Buchstaben gelernt hat, auswendig können. Vielleicht erinnern Sie sich an den Absatz in einem früheren Kapitel, in dem es hieß, daß Ihr Kind Ihren Rhythmus nachahmt. Ein Kind, das immer wieder hört, wie Sie fragen „Wo bist du?", wird bald im gleichen Rhythmus und Tonfall sagen: „O bi du?", obwohl es noch lange dauern kann, bis es diese drei Wörter fehlerfrei ausspricht.

Rhythmus hilft den Kindern auch, längere Wörter richtig zu sprechen. Die meisten von uns haben das Zählen mit Hilfe von rhythmischen Mustern gelernt. „Eins, zwei, drei, vier, fünf, sechs, sieben – wo ist denn der/die ... geblieben?" Abzählreime gibt es viele.

Musik kann die alltäglichen Aufgaben, die zur Routine geworden sind, für Sie und für Ihr Kind angenehmer gestalten. Wenn Sie Ihr Kind rufen, und es kommt widerwillig, dann singen Sie ihm doch einmal etwas vor. Sie müssen nicht alle Strophen auswendig können, und wenn Sie Reime selber dichten, müssen diese auch nicht mit großer Poesie mithalten. Hauptsache, Sie begleiten Tätigkeiten wie Abspülen, Haarewaschen oder Auf-dem-Topf-sitzen mit einem kleinen Zweizeiler.

Mit Rhythmusinstrumenten lassen sich Stimmungen auch sehr gut ausdrücken.

„Ist das Mädchen/Bübchen ärgerlich!
So schlag ich auf die Trommel!
Bumm, bumm, bumm."

Viele Sprachkonzepte können auch in Musik umgesetzt werden. Ihr Kind soll zur Musik schnell oder langsam laufen. Zu hohen Tönen bewegt es sich auf Zehenspitzen, und zu tiefen

Tönen geht es in die Hocke. Zu lauten Tönen wird mit den Füßen gestampft und zu leisen geschlichen. Sicher kann Ihr Kind lange und kurze Töne richtig einordnen. Sogar Farben können mit Musik vermittelt werden, indem man unterschiedliche Instrumente bestimmten Farben zuordnet.

Ist Ihr Kind erst ein bißchen älter geworden, kann man Musik mit Geschichten und Gedichten koppeln, zunächst mit einfachen Geschichten wie „Himpelchen und Pimpelche". Verschiedenen Teilen der Geschichte und natürlich den beiden Zwergen kann man unterschiedliche Rhythmen, Stimmlagen und Sprechhaltungen zuordnen.

Lieder sind oftmals vertonte Gedichte. Kinder begreifen das intuitiv und erfinden ganz von selbst einfache Melodien zu ihren Kinderversen. Sobald Ihr Kind Sprachlaute erkennen und nachahmen kann, sollten Sie anfangen, sowohl mit Vokalen als auch mit Konsonanten zu experimentieren. Summen Sie das „m" in allen Tonlagen und Lautstärken, wenn etwas gut schmeckt, oder das ausdrucksvolle „a", wenn Sie überrascht sind. Ihr Kind wird dieses Spiel ganz von selbst mitmachen, wenn nicht, ist ein wenig Ermunterung nötig.

Ausschlaggebend ist, daß sich Ihr Kind genauso wie Sie selbst über Musik freut. Auch ohne Gesangsausbildung können Sie viel Spaß am Singen haben. Mit entsprechenden Kassetten lassen sich gelegentlich auch längere Autofahrten überbrücken.

Es macht einen Unterschied, ob Sie gemeinsam hören oder ob Sie Ihrem Kind einen eigenen Kassettenrekorder geben. Kinder haben gerade beim Autofahren das gemeinsame Hören viel lieber. Auf keinen Fall sollte der Kassettenrekorder ein Ersatz für die Unterhaltung sein.

Auch wenn Kinder manche Kassetten immer wieder hören wollen, sollten Sie nicht warten, bis ihnen die oft gehörten langweilig werden. Sehen Sie sich beizeiten nach neuen

Kassetten um. Es gibt mittlerweile eine Vielzahl hörenswerter Musikkassetten für Kinder. In den meisten Spielwarenläden und Spielwarenabteilungen der großen Kaufhäuser finden Sie eine reiche Auswahl.

Und noch einmal: Auch wenn Ihr Kind gelegentlich seinen eigenen Walkman benutzt, während Sie irgend etwas anderes hören, sollten Sie möglichst oft gemeinsam Musik hören.

Lautspiele

- Lernen Sie mit Ihrem Kind zusammen das Lied „Old MacDonald hat 'ne Farm". Es macht Spaß, die vielen Tiere auf dem Bauernhof mit ihren unterschiedlichen Geräuschen nachzuahmen. Ergänzen Sie das Lied mit einem Mobile aus verschiedenen Tieren, die Sie entweder selbst zeichnen oder aus Illustrierten ausschneiden. Lassen Sie Ihr Kind beim Basteln zuschauen und womöglich helfen.

- Klatschen Sie verschiedene Rhythmen in unterschiedlicher Lautstärke. Dabei sollten Sie zwischen drei und fünf Taktschlägen abwechseln.

- Animieren Sie Ihr Kind, im Garten oder im Park zu laufen, so schnell es kann, und wenn Sie pfeifen oder klatschen, soll es sofort stehenbleiben. Wie reagiert es?

- Verwenden Sie die unterschiedlichsten Gegenstände im Haushalt als Trommel – Töpfe, Schüsseln, Schachteln. Jeder Gegenstand klingt anders.

- Lassen Sie Ihr Kind raten, welchen Gegenstand Sie anschlagen, ein Glas, einen Topf oder eine Glocke.

- Klatschen, klopfen oder schlagen Sie mit einem Löffel einen Takt. Variieren Sie die Lautstärke.

- Spielen Sie mit Ihrer Stimme – klingen Sie fröhlich, traurig, seien Sie mal laut, mal leise, sprechen Sie mal mit hoher, mal mit tiefer Stimme.

- Zeichnen Sie Teddybären mit unterschiedlichem Gesichtsausdruck, der eine soll traurig schauen, der andere fröhlich. Kann Ihr Kind die zum Gesichtsausdruck passende Stimmlage nachmachen?

- Lassen Sie die Spieluhr laufen und verstecken Sie sie unter einer Decke oder einem Kissen. Ihr Kind muß den Tönen nachgehen und sie suchen.

- Setzen Sie Gegenstände in Szene, einen Baum, der seine Äste hoch in den Himmel reckt. Die Bewegung „hoch" dabei entsprechend hoch sprechen. Oder machen Sie eine Schlange nach, die züngelnd am Boden entlang kriecht.

- Anregungen für Spiele mit Musik finden Sie immer wieder in Sendungen wie „Die Sendung mit der Maus" und in der „Sesamstraße".

- Lassen Sie Ihr Kind ganz unterschiedliche Musik hören – Jazz, klassische Musik, Pop, Volksmusik.

- Singen Sie Kinderreime und -lieder. Verändern Sie dabei ruhig die Texte, selbst wenn Sie bei „Hänschen klein" auch nur den Namen Ihres Kindes einsetzen.

- Tanzen Sie zur Musik und ermuntern Sie Ihr Kind, die wechselnden Geschwindigkeiten der Musik unterschiedlich auszudrücken. Sie können „wie eine Maus huschen", „wie ein Riese gehen " oder „wie ein Flugzeug fliegen".

- Begleiten Sie mit Ihrem Kind gespielte Musik mit Klatschen, und gehen Sie dabei nicht nur auf den Rhythmus, sondern auch auf die Lautstärke ein.

- Flüstern Sie Laute, Silben, kurze Botschaften, je nach Alter und Sprachentwicklung Ihres Kindes.

- Ein beliebtes Spiel ist es auch, bei Wörtern jede einzelne Silbe übertrieben zu betonen. „An-na-bel steht im Gar-ten!"

- Erfinden Sie zusammen mit Ihrem Kind neue Texte zu bekannten Melodien.
- Denken Sie sich Reimspiele aus, mit Reimpaaren wie „Hund – kugelrund", „Teller – schneller". Geben Sie die erste Zeile vor, und Ihr Kind muß eine Reimzeile dazu erfinden: „Es war einmal ein Hund ...", Kinder lieben Nonsens-Gedichte.
- Spielen Sie Musik von einer Kassette oder einer CD, zu der Ihr Kind auf- und abhüpft. Im Moment, da Sie die Musik abschalten, soll sich das Kind auf den Boden setzen. Es geht darum, genau hinzuhören und möglichst schnell zu reagieren.

Bücher sind unersetzlich
Der alltägliche Umgang mit Büchern

Warum sollten wir über Bücher schreiben? Und was hat das mit dem Sprechenlernen Ihres Kindes zu tun? Ganz einfach, Bücher bieten unbegrenzte Möglichkeiten, Wissen und sprachliche Anlagen auszubauen.

Gemeinsam zu lesen ist ideal, um das Sprechen Ihres Kindes zu stimulieren, und außerdem bildet es eine gute Grundlage für Fertigkeiten, die auf das eigenständige Lesen vorbereiten.

Ein Kind hat es gerne, wenn man ihm vorliest, und zwar von Geburt an. Sie sollten immer eine Auswahl von Büchern griffbereit haben und sie Ihrem Kind zeigen. Beginnen Sie damit an dem Tag, an dem Sie Ihr Kind nach Hause bringen. Warum sich nicht mit dem Neugeborenen auf das

Sofa kuscheln und sich gemeinsam an den bunten Bildern einer Illustrierten erfreuen? Es muß nicht unbedingt ein Kinderbuch sein. Noch kommt es Ihrem Kind vor allem auf die körperliche Nähe und den Klang Ihrer Stimme an.

Natürlich ist es gut, wenn man möglichst frühzeitig die richtigen Kinderbücher im Hause hat. Die ersten Bücher sollten klare Bilder in kräftigen Farben enthalten. Grundfarben sprechen Kinder mehr an als die subtilen Farbgebungen, die Erwachsene bevorzugen.

Bücher müssen stabil sein, denn Ihr Kleinkind wird sein Interesse vor allem dadurch zeigen, daß es das Buch an sich reißt und vielleicht auch hineinbeißt. Aber Sie werden überrascht sein, wie früh es weiß, welches Buch es gerade in der Hand hat oder haben möchte.

Mit zunehmender Beweglichkeit wird Ihr Kind beim Lesen oder wenn Sie vorlesen nicht still sitzen können. Mit ein bißchen Phantasie können Sie einfache Geschichten körperlich umsetzen.

Schwanken Sie auf Ihrem Stuhl, wenn Sie von einem Schiff vorlesen, oder lassen Sie das Mäuslein mit zwei Fingern den Arm bis zum Hals hinauflaufen. Eine herrliche Geschichte zum Vorlesen ist *Ein Kuß für den kleinen Bären* von Maurice Sendak. Oma Waschbär, die nicht selbst kommen kann, schickt ihrem Enkelkind über viele, viele Vermittler – ein Huhn, einen Frosch, eine Katze – einen Kuß. Selbstverständlich geben Sie Ihrem Kind jedesmal einen Kuß, wenn das in der Geschichte vorkommt. Das kann man mit der Stimme vorbereiten, so daß Ihr Kind schon darauf wartet und weiß: „Jetzt wird der Kuß weitergegeben!"

Bilderbücher ohne Text öffnen der Phantasie Ihres Kindes große Bereiche. Es gibt eine ganze Reihe von Verlagen, die auf diese Bücher für Kleinkinder spezialisiert sind, und dementsprechend groß ist das Angebot.

Mit 18 Monaten hat Ihr Kind bereits Lieblingsbücher, die es immer und immer wieder vorgelesen haben möchte. Für Sie mag diese Wiederholung vielleicht langweilig werden, aber Ihr Kind ist begeistert.

Einige der Bücher aus festem Material sind nicht gerade jedermanns Geschmack – lassen Sie sich bei der Auswahl von Ihrem Kind leiten. Auf manche wird es gar nicht reagieren. Es gibt übrigens auch Bücher für die Badewanne. Sie sind aus Plastik und schwimmen. Viele Kinder lieben Bücher, in die man alle möglichen Ausschnitte aus Zeitungen oder Werbebroschüren einkleben und alles dann mit eigenen Zeichnungen verändern kann.

Bücher bieten unbegrenzte Möglichkeiten, Wissen und sprachliche Fähigkeiten auszubauen.

Ein Kind, dem man von Geburt an vorliest, wird sein Leben lang davon profitieren.

Dabei sollten auch Fotos von Ihrem Kind und von der Familie nicht fehlen. Beliebt sind auch Alben mit alten Weihnachts- und Geburtstagspostkarten, die Sie zur passenden Zeit bereithalten können.

Bedenken Sie auch, daß neue Bücher in den Händen Ihres Kindes nicht unbedingt in druckfrischem Zustand bleiben. Aber was bedeuten ein paar Eselsohren oder ein paar mit Tesafilm reparierte Seiten, wenn Ihr Kind etwas aus diesem Buch gelernt hat.

Bücher mit Kinderreimen kann man seinem Kind zu jeder Zeit geben. Selbst ganz kleine Kinder sprechen auf die witzigen Formulierungen an. Intonation und Rhythmus sind dabei ganz wichtig, und wenn dieselben Reime immer wieder vorgelesen werden, erfaßt das Kind mit der Zeit die Bedeutung der einzelnen Wörter. Auswendiglernen spielt für das Lesenlernen eine große Rolle, genauso, wie Fingerspiele, bei denen man das Kind immer an einer bestimmten Stelle des Verses kitzelt, effektiv sind.

Wenn Ihr Kind größer wird, versuchen Sie, Zeit zum Vorlesen zu finden. Sie müssen nicht soviel auf einmal, dafür aber möglichst oft vorlesen; und am besten zu einer Zeit, wenn Sie beide nicht zu müde sind. Lassen Sie Ihr Kind das Buch anschauen, geben Sie ihm Zeit, sich eingehend mit den Bildern zu beschäftigen. Ganz klar, daß der Spaß besonders groß ist, wenn Sie beide dasselbe Buch mögen.

Die ständige Wiederholung von Geschichten, die Sie beide besonders gerne mögen, gibt Ihrem Kind ein intuitives Gefühl für Satzmuster und Sprachstrukturen. Mit 18 Monaten hat Ihr Kind bereits Lieblingsbücher, die es immer und immer wieder vorgelesen haben möchte. Für Sie mag es ein wenig langweilig werden, immer wieder dasselbe zu lesen, aber Ihr Kind wird jedesmal erneut begeistert sein. Es liebt Geschichten, bei denen eine Verszeile bei jedem Umblättern wiederholt wird, wie in dem Buch *Ein Kuß für den kleinen Bären* : „.... und dann gab er ihm den Kuß weiter!" Vorlesen eignet sich auch ganz hervorragend für einen Wechsel im Rollenspiel – Sie machen eine erwartungsvolle Pause und Ihr Kind spricht die fehlende Zeile.

Vorlesen bedeutet, Sprachmuster zu vermitteln, die Ihr Kind zu einem späteren Zeitpunkt anwenden kann. Stellen Sie Fragen zum Inhalt des Buches, und provozieren Sie mit diesen einfache Antworten.

Natürlich hängen die Antworten vom jeweiligen Sprachstand des Kindes ab. Jeder Satz, den Sie formulieren, hat für Ihr Kind den Wert eines Sprachmusters, das es irgendwann anwenden wird, oder er ist lediglich eine Aufforderung, mehr zu sagen. Wenn Ihr Kind sagt: „Bär!", könnten Sie sagen: „Ja, schau mal, was der kleine Bär macht! Er zeichnet ein Bild für seine Oma!"

Äußern Sie Ihre Freude über jeden Kommentar, den Ihr Kind beim Zuhören abgibt. Dreijährige lieben jene Bücher, die eine Geschichte mit einem sinnvollen Ende erzählen.

Bücher können Ihrem Kind helfen, Situationen besser zu verstehen und mit ihnen fertig zu werden – wie mit einem Krankenhausaufenthalt oder mit der Ankunft eines kleinen Geschwisterchens.

Selbst ein Buch herzustellen, es zu zeichnen und ausgeschnittene Bilder einzukleben, ermutigt Ihr Kind, auch ein kleiner Geschichtenerzähler zu werden. Es erfindet dabei seine eigene kleine Welt, in der es selbst und die ihm Nahestehenden vorkommen. Mit ein bißchen Hilfe kann ein dreijähriges Kind schon ein kleines Tagebuch führen. Seine Sätze werden zu einem Buch, wenn Sie sie regelmäßig aufschreiben und Ihr Kind dazu Bilder zeichnet. Oder Sie kleben Fotos ein und geben der Seite eine Überschrift. Buntstifte sollten leicht zugänglich sein, damit Ihr Kind kritzeln, zeichnen und ewas aufschreiben kann, wann immer es möchte. Kann es sich auf diese Weise jederzeit ausdrücken, so stärkt das sein Selbstbewußtsein ungemein.

Ihr Kind und die Bücher

- Lesenlernen ist viel einfacher, wenn Ihr Kind den Umgang mit Büchern gewöhnt ist.
- Bücher geben viele Anregungen zu Themen, über die man sprechen kann.
- Durch Vorlesen lernt Ihr Kind zuzuhören.
- Fangen Sie mit einfachen, bunten Büchern an.
- Bücher anschauen sollte zu einer täglichen Gewohnheit werden.
- Zeigen Sie Ihrem Kind, daß es neben Büchern noch viele andere Dinge gibt, in denen man lesen kann.
- Nutzen Sie die öffentlichen Bibliotheken in Ihrer Umgebung.

Auch wenn Ihr Kind bereits vier Jahre oder älter ist, sollten Sie ganz bewußt Dialoge herausfordern und damit seine Sprech- und Denkfähigkeit anregen. Nehmen Sie das, was Sie gemeinsam gelesen haben, zum Ausgangspunkt für eine Unterhaltung über das, was Ihr Kind selbst erlebt und erfahren hat und über die Gefühle, die es dabei empfand. Die Geschichte von Serafin, der alle möglichen Maschinen bastelt, kann an einen gemeinsamen Besuch in einem Museum anknüpfen.

Eine andere Geschichte erinnert vielleicht an einen Besuch auf einem Bauernhof oder an den Urlaub am Meer. Wichtig ist, daß Sie eine Beziehung zwischen den Büchern und der eigenen Erfahrung herstellen.

Und Vorlesen muß sich natürlich nicht auf Bücher beschränken. Wecken Sie ein Interesse an allem, was geschrieben ist – Verpackungsaufschriften, Werbeplakate, die oft sehr witzig sind, Broschüren, Speisekarten oder Texte, die im Werbefernsehen auftauchen.

Ein Kind lernt sehr bald, daß Schriftzeichen für Dinge und Handlungen stehen können. Die meisten Kinder erfassen das, lange bevor ihre Eltern es für möglich halten. Ein rotes „M" auf gelbem Grund wird bald als das Zeichen einer bekannten Fastfoodkette erkannt, genauso wie ein Kind bald weiß, daß ein rotes Männchen an der Ampel „Halt" und ein grünes „Gehen" bedeutet.

Zeit zum Lesen und Unterhalten

Es bietet sich an, beim Vorlesen auch einmal vom Text abzuweichen und von Ihren eigenen oder gemeinsamen Erlebnissen zu sprechen; so übt das Kind zu erzählen, gleichzeitig wird auf diese Weise sein Sprachschatz erweitert. Egal, ob Sie Ihrem Kind laut vorlesen oder ob es nur Bilder anschaut, die gemeinsame Unterhaltung sollte immer Teil der gesamten Beschäftigung sein. Man könnte sagen: Lesezeit ist Sprechzeit! Unterhalten Sie sich vor dem Vorlesen, währenddessen und danach.

Sobald Sie Ihrem Kind den Buchumschlag zeigen und den Titel sagen, beginnt seine Vorstellungskraft zu arbeiten. Ein

Satz oder eine Frage genügen, um die Geschichte einzuleiten und ihren Hintergrund lebendig werden zu lassen.

Beliebt sind die Geschichten vom kleinen Tiger und dem kleinen Bären von Janosch. Eine davon heißt *Oh, wie schön ist Panama*. Wenn Sie dieses Buch zur Hand nehmen, fragen Sie: „Wen haben wir denn da?" – „Tiger und Bär". – „Richtig! Den kleinen Tiger und den kleinen Bären! „Was finden die beiden?" – „Eine Kiste! Und die Kiste riecht nach Bananen!"

Wenn Sie das Buch vor dem Vorlesen mit Ihrem Kind durchblättern, wird es viele Fragen stellen, und wenn das Buch schon bekannt ist, viele Erläuterungen hinzufügen. Dann sagen Sie: „Laß uns die Geschichte zusammen lesen!" Und während des Vorlesens weisen Sie immer wieder auf die Bilder hin: „Schau, in was für einem hübschen Häuschen die beiden wohnen!"

Gerade wenn man das Buch immer und immer wieder zur Hand nimmt, muß man die Geschichte nicht unbedingt Wort für Wort vorlesen, sondern kann allein durch das gemeinsame Anschauen eine Unterhaltung anregen.

Wenn Ihr Vierjähriges die Geschichte hören oder Ihr Zweijähriges nur die Bilder anschauen will, versäumen Sie nie, die Phantasie Ihres Kindes mit Fragen anzuregen. Fragen helfen dem Kind, allmählich zu begreifen, warum der kleine Tiger und der kleine Bär auf der Suche nach dem Land ihrer Träume letztendlich wieder in ihrem alten Häuschen landen.

Fragen Sie, warum der kleine Bär eine Angel und der kleine Tiger den roten Kochtopf mitnimmt. Die Geschichte vom kleinen Bär und vom kleinen Tiger ist nicht frei von Spannungen, und ihre lange Wanderung ist nicht frei von Entbehrungen. Manchmal bekommen sie falsche Auskünfte auf ihre Fragen, hie und da aber auch Hilfe. Aber gerade dadurch bietet sich die Gelegenheit, mit Ihrem Kind über Gefühle zu sprechen. Versuchen Sie zu erfahren, was Ihr Kind empfindet, wenn die beiden immer wieder eine falsche Auskunft bekommen, wenn sie Hunger haben, wenn sie durch und durch naß werden und wenn sie sich immer wieder ihrer Freundschaft versichern.

„Weißt du noch, als Papi den Fisch geangelt hat?"
Oder : „... als wir so naß geworden sind?"

Sie können an jeder Geschichte unendlich viel darstellen, und Ihr Kind kann stets neue Dinge entdecken, die es Ihnen erklärt, über die es mit Ihnen spricht und die es veranlassen zu raten:

„Was werden sie jetzt machen, wenn sie nicht angeln können, wenn sie an den Fluß kommen, wenn sie ihr Häuschen wieder-finden?"

Gespräche, die Sie mit Ihrem Kind anhand eines Buches, einer Erzählung führen, werden Ihr Kind anregen zu sprechen und nachzudenken.

Wann sind Kinder so weit, daß sie lesen lernen können?

Normalerweise lernen Kinder erst in der Schule lesen. Viele Kinder sind aber lange vor diesem Zeitpunkt bereit, lesen zu lernen. Aber es ist nicht nötig, Ihr Vorschulkind in einer pädagogisch-didaktisch richtigen Weise zu unterrichten. Genau wie beim Sprechen wird es eine Menge lernen, indem es Sie beobachtet.

Wieder wird Ihr Kind durch Nachahmung lernen. Kinder imitieren anfangs Laute, später auch Verhaltensweisen von Erwachsenen oder älteren Kindern, und wenn sie Menschen in ihrer Umgebung beim Lesen erleben, werden sie diesem Beispiel folgen.

Ihr Kind sieht Ihnen zu und lernt, was es mit Büchern auf sich hat. Es merkt, wie Sie ein Buch von vorne und Seite für Seite bis zum Ende durchblättern.

Es beobachtet, wie Sie lange mit dem Blick auf einer Seite verharren, womöglich mit dem Finger von Zeile zu Zeile gehen, und es ahnt, daß die Zeichen auf dem Blatt etwas zu bedeuten haben und daß eine gewisse Ordnung von vorne nach hinten und von links nach rechts besteht.

Bewahren Sie die Bücher Ihres Kindes so auf, daß es diese jederzeit in die Hand nehmen kann. Es wird sie ganz von selbst durchsehen und „lesen" oder sie Ihnen bringen, damit Sie vorlesen.

Je älter Ihr Kind wird, um so interessanter werden die Bücher auch für Sie. Verlassen Sie sich nie allein auf die Empfehlung sogenannter pädagogisch wertvoller Bücher. Was zählt, ist, ob Sie begeistert von einem Buch sind, denn nur dann können Sie ein Kind davon überzeugen, daß Bücher Freude bereiten und daß es sich lohnt, sie irgendwann einmal selbst zu lesen.

Es gibt Zeiten, da ist für Ihr Kind nur ein und dasselbe Buch interessant. Entweder hat es so viel Spaß daran, daß es die darin dargestellte Geschichte immer wieder erleben möchte, oder es hat noch etliches zu verarbeiten. Sie sollten diese Phase nicht durch Zwang beenden, aber Sie können verabreden, daß abwechselnd jeder von Ihnen beiden ein Buch zum Vorlesen auswählen darf.

Erste Lesebücher stützen sich zwar auf das Wiedererkennen von Wörtern durch Wiederholung, Lesen bedeutet aber nicht, daß man erst die Wörter wiedererkennt und dann deren Bedeutung erfaßt, sondern daß man vom Sinn her auf ein Wort vorbereitet ist und es dann erst durch die Schreibung wiedererkennt.

Kinder lernen lesen nicht nur aus Büchern. Es gibt eine ganze Reihe von Spielen, bei denen die Wiederholung der

Wörter vielseitiger gestaltet wird als in Büchern. Einige dieser Spiele sind auf den nächsten Seiten beschrieben.

Wenn Kinder schreiben lernen, sollte vorzugsweise mit Kleinbuchstaben und ohne Großbuchstaben begonnen werden. Es kommt zunächst nicht auf orthographische Genauigkeit an. Die Kinder sollten die Wörter ruhig so schreiben, wie man sie spricht. Beim Benennen der Buchstaben empfiehlt es sich, die Laute besser im Zusammenhang mit ganzen Wörtern zu vermitteln: „a" wie „Apfel" usw.

Ein Kind lernt lesen in der gleichen Reihenfolge, wie es Sprechen gelernt hat: Erst wird es mit den Lauten vertraut, dann folgen Buchstaben und Wörter, zuletzt ganze Sätze.

Namen von Familienmitgliedern

Schreiben Sie für jedes Familienmitglied Namenskärtchen, auch für häufige Besucher wie die Großeltern. Die Haustiere zählen natürlich auch zur Familie.

- Vor dem Essen stellen die Kinder die Kärtchen an die richtigen Plätze.
- Zeichnen Sie die Familienmitglieder, und suchen Sie dazu gemeinsam die passenden Namenskärtchen aus.
- Mischen Sie die Kärtchen durcheinander. Suchen Sie dann eines nach dem anderen heraus, und entziffern Sie sie gemeinsam. Jeder, dessen Kärtchen richtig enträtselt wurde, erhält sein Kärtchen. Warum nicht diese Kärtchen dem Betreffenden auf die Stirn kleben? Damit sieht er ziemlich verrückt aus, aber das ist Teil des Spiels.
- Stecken Sie ein Kärtchen auf einen Hut. Solange die Musik spielt, geht der Hut von Hand zu Hand. Wenn die Musik aufhört, muß derjenige, der gerade den Hut in der Hand hat, die Karte vorlesen und der betreffenden Person aufsetzen.

Bezeichnungen von Dingen

Schreiben Sie die Bezeichnungen für verschiedene Gegenstände im Raum auf je zwei Kärtchen. Kleben Sie dann mit

einem Klebestreifen ein Kärtchen an den betreffenden Gegenstand, geben Sie die anderen Kärtchen Ihrem Kind, und fordern Sie es auf, sie richtig zuzuordnen.

Nach einer Weile können Sie die Kärtchen von den Gegenständen lösen und erneut mischen. Helfen Sie dann Ihrem Kind, sie zu lesen, und befestigen Sie die Kärtchen wieder am richtigen Platz. Wenn sich Ihr Kind irrt, dann scherzen Sie über das Versehen. Wenn es das Wortkärtchen „Bett" an die Tür klebt, stellen Sie sich an die Tür, schnarchen ganz laut und sagen: „Ah, ist das ein gemütliches Bett."

Gewöhnen Sie sich ruhig an, Türen, Fenster oder Schränke mit Kärtchen zu versehen. Schreiben Sie die Bezeichnungen in Druckschrift auf ein Stück Papier und befestigen Sie sie am entsprechenden Gegenstand. Hinterlassen Sie kurze Nachrichten an Plätzen im Haus, wo sie ins Auge springen.

Verwenden Sie ein umfangreiches Vokabular: Kinder lernen das Aussehen von Wörtern ebenso wie sie die Laute eines Wortes gelernt haben. Das hilft, die Wörter aus dem Zusammenhang heraus zu erkennen, und stellt auch eine Hilfe beim Lesenlernen dar.

Das Briefkastenspiel

Basteln Sie zwei Schachteln mit Schlitzen, in die man „Briefe" einwerfen kann. Schreiben Sie einen Buchstaben auf zwei Karten und stecken Sie je eine auf jede Schachtel.

Schreiben Sie dann auf weitere Kärtchen einfache Wörter, die mit den Buchstaben beginnen, die Sie auf die „Briefkästen" geheftet haben. Geben Sie eine Schachtel dem „Teddy" und die andere einem anderen Stofftier.

Spielen Sie dann den Postboten, der eine prall gefüllte Tasche mit Briefen hat. Überprüfen Sie bei jedem Wortkärtchen die Anfangsbuchstaben, und finden Sie heraus, in welchen Briefkasten das jeweilige Wort gehört. Wenn Sie den

passenden Briefkasten gefunden haben, werfen Sie die „Briefe" ein.

Klebebücher

Wenn Ihr Kind einen neuen Buchstaben lernt, schreiben Sie diesen in ein Heft oder in ein leeres Buch. Schneiden Sie dann Bilder von Gegenständen aus, deren Bezeichnungen mit diesem Buchstaben beginnen, und kleben Sie sie ein. Ihr Kind wird seinen Spaß daran haben, besonders, wenn Sie es mit der „Ordnung" nicht zu genau nehmen!

Buchstabenkegel

Nehmen Sie alte Plastikflaschen, schreiben Sie je einen Buchstaben darauf und stellen Sie die Buchstabenkegel auf. Rollen Sie nun abwechslungsweise einen Ball in Richtung der „Kegel". Benennen Sie die Kegel, die umgefallen sind, und fragen Sie: „Weißt du ein Wort mit ...?"

Ich sehe was, was du nicht siehst

Ein altes und immer beliebtes Spiel! Ich sehe was, was du nicht siehst, und es beginnt mit „a" wie „Apfelbaum"! Mit diesem Spiel kann man lange Autofahrten überbrücken oder auch die Zeit im Wartezimmer des Arztes.

Wörter und einfache Sätze

Schreiben Sie Tätigkeitswörter auf Karten, wie „hüpfen", „kitzeln" und „springen". Lassen Sie Ihr Kind eine Karte ziehen, entziffern Sie die Karte gemeinsam, und einer von Ihnen beiden muß dann ausführen, was auf der Karte steht. Man kann das auch in Verbindung mit den Namenskarten spielen. Halten Sie in einer Hand die Namenskarten und in der anderen die mit den Tätigkeitswörtern. Daraus ergibt sich vielleicht „Papi kitzeln", und das muß dann auch gründlich erledigt werden. Sobald Sie sehen, daß Ihr Kind die einzelnen Wörter rasch erkennt, können Sie mehrere zu spaßigen Sätzen zusammenbauen, zum Beispiel „Mami kitzelt Caroline".

Noch ein paar Ideen

Wenn Sie einkaufen gehen, dann weisen Sie immer wieder auf Wörter hin, die über den Geschäften oder an den Türen stehen („ziehen", „drücken", „Eingang", „Ausgang") und lesen Sie diese Ihrem Kind laut vor.

Hat Ihr Kind ein Bild gemalt, so können Sie ein paar Worte dazuschreiben, die das Gemalte benennen.

Erschöpft von der Hektik unseres Alltags schalten wir oft den Fernseher ein und lassen uns berieseln, statt einer interessanteren und anregenderen Tätigkeit nachzugehen. Manchmal müssen wir uns erst wieder bewußt werden, wieviel Freude es macht, sich auch am Abend noch mit seinen Kindern zu unterhalten, etwas mit ihnen zu spielen und ihnen vorzulesen. Unsere Kinder profitieren vom Umgang mit Büchern, sie lernen nicht nur, die Gegenwart zu genießen, sondern entwickeln zugleich ein besseres Sprachgefühl und Verständnis für Sprache.

a	*wie*	**Apfel**	n	*wie*	**Nase**
b	*wie*	**Bett**	o	*wie*	**Orange**
c	*wie*	**Cäsar**	p	*wie*	**Polizei**
d	*wie*	**Daumen**	q	*wie*	**Quark**
e	*wie*	**Esel**	r	*wie*	**Rose**
f	*wie*	**Fuß**	s	*wie*	**Sonne**
g	*wie*	**Gans**	t	*wie*	**Tasse**
h	*wie*	**Hand**	u	*wie*	**unten**
i	*wie*	**Igel**	v	*wie*	**Vater**
j	*wie*	**jammern**	w	*wie*	**Wasser**
k	*wie*	**Küche**	x	*wie*	**Xaver**
l	*wie*	**Lippe**	y	*wie*	**Ypsilon**
m	*wie*	**Mond**	z	*wie*	**Zebra**

Menschen mit
viereckigen Augen?
Die Rolle des Fernsehens

Fernsehen hat Vor- und Nachteile. Es bietet Unterhaltung und Information. Es ist keineswegs verdammenswert, nur zur Unterhaltung fernzusehen – nicht jede Fernsehsendung muß der Weiterbildung dienen.

Untersuchungen in den Industrieländern haben ergeben, daß ein großer Prozentsatz von Schulkindern jeden Tag bis zu sechs Stunden fernsieht. Kindergartenkinder bringen es auf bis zu vier Stunden täglich. Das bedeutet, daß für Fernsehen mehr Zeit aufgewendet wird als für jede andere Tätigkeit – mit Ausnahme des Schlafens.

Gerade weil Fernsehen der Unterhaltung, der Information und der Weiterbildung dient, kann es im Leben Ihres Kindes eine konstruktive Rolle spielen.

Ein Kind, das im Alter zwischen zwei und vier, also in der für den Spracherwerb wichtigsten Phase, fast die Hälfte seines Wachzustandes vor dem Fernseher sitzt, verpaßt jedoch Aktivitäten, die in diesem Alter wichtig sind, angefangen beim Gespräch, der Beschäftigung mit Büchern und der damit verbundenen Entwicklung der Vorstellungskraft, bis zum Herumtoben und Spielen mit anderen Kindern.

Carmen Luke schreibt in ihrem Buch *Kinder und Fernsehen*: „Häufiges und zu langes Fernsehen – zwischen drei und fünf Stunden täglich, und das während der ersten vier oder fünf Jahre – läßt die Entwicklung manueller wie sozialer und sprachlicher Fertigkeiten verkümmern, und zwar in einer ganz entscheidenden Phase des Heranwachsens."

Der Fernseher übernimmt die Rolle eines Lehrers, und was gelehrt wird, kann sowohl gut als auch schlecht sein. Betrachten wir zunächst die positiven Aspekte. Vernünftig eingesetzt, bietet das Fernsehen viele Vorteile. Untersuchungen haben ergeben, daß die richtigen Sendungen Spielfreude und Kreativität erhöhen. Manche Kinder neigen dazu, zu spielen und gleichzeitig fernzusehen; das Fernsehen kann Spielideen vermitteln und verschiedene Charaktere darstellen.

Durch das Fernsehen lernt Ihr Kind neue Wörter kennen und baut damit seinen Wortschatz aus. Wichtig ist, daß Sie mit Ihrem Kind fernsehen. Neben einem Gefühl der Geborgenheit hat es dann zugleich die Möglichkeit, seine Gedanken und Gefühle zu äußern. Der Fernseher übermittelt Informationen, und diese setzen sich fest, wenn das Kind von sich aus mitsingt, Wörter der Sendung wiederholt und Szenen nachmalt, Buchstaben und Zahlen schreibt, sobald das Programm beendet ist.

Wenn Sie wissen, was Ihr Kind gesehen hat, können Sie sich die Geschichte vor dem Schlafengehen erzählen lassen und sie besprechen. So können Sie üben, wie man sich im Gespräch abwechselt. Wenn Sie mit Ihrem Kind fernsehen, können Sie abschätzen, inwieweit Ihr Kind das, was es gesehen und gehört hat, konstruktiv bei anderen Tätigkeiten einsetzt.

Sie können die Programminhalte während oder nach der Sendung besprechen und herausarbeiten, was Ihnen gefallen oder nicht gefallen hat. Ein Videorekorder ermöglicht Ihnen, Sendungen aufzunehmen, sie wiederholt anzuschauen und gegebenenfalls den Film auch einmal anzuhalten, um für einen Kommentar oder Fragen Ihres Kindes Zeit zu haben.

Studien haben gezeigt, daß man den positiven Einfluß verstärken und den negativen reduzieren kann, indem man miteinander über die Sendungen spricht. Die Wiederholung einer Sendung bietet die Möglichkeit, die Bedeutung neuer Wörter zu erklären und einzelne Szenen zu verdeutlichen.

Fernsehen kann helfen, die Ausdrucksmöglichkeiten der Sprache verstehen zu lernen und auch abstrakte Konzepte wie Raum und Zeit zu erfassen. Spielt der „Bibo" aus der „Sesamstraße" Verstecken, dann verstärkt die visuelle Darstellung den Lerneffekt.

Fernsehen beruhigt Kinder unter Umständen und trägt zu ihrer Entspannung bei, es kann sie aber auch aufregen. Die meisten Kleinkinder sehen gerne fern, zumindest über einen kurzen Zeitraum. Wenn das Kind sehr lebhaft gespielt hat, sitzt es gerne einmal vor dem Fernseher.

Das Negative am Fernsehen ist, daß es, wie bereits erwähnt, das Kind von altersspezifischen, für seine Entwicklung wesentlichen Tätigkeiten abhält. Allzu langer und häufiger Fernsehgenuß stört die Sprachentwicklung. Viele Kinderprogramme sind in ihren Sprachstrukturen zu einfach, als daß sie dem Kind die Gelegenheit zu einer Erweiterung bereits vorhandener Sprachmuster bieten würden. Hören Sie in die Programme hinein und fragen Sie sich kritisch: „Ist das die Art von Sprache, die mein Kind sprechen lernen soll?"

Die Fernsehprogramme, die Sie sich mit Ihrem Kind ansehen, sollten in jedem Fall kindgerecht sein, seiner Entwicklungsstufe und seiner Lebenserfahrung entsprechen.

Problematisch sind natürlich Werbespots, die leider auch in Kindersendungen eingeblendet werden – sie können oft mehr Kopfzerbrechen bereiten als die Sendungen selbst. Die raschen und sprachlich oft komplizierten Botschaften, werden von Ihrem Kind möglicherweise nicht verstanden, werden das Kind nachhaltig beschäftigen und frustrieren.

Wenn Ihr Kind nur verstanden hat, daß man ein „großes Auto" kaufen soll, aber nicht mitbekam, daß dieses nur mit Batterien und auf einem bestimmten Rundkurs fährt, wird es nicht begreifen, warum Sie sich weigern, ihm dieses Auto zu kaufen.

Bedenklich sind nicht nur negative Werte, die vermittelt werden, bedenklich sind vor allem Gewaltszenen, die sich in die Phantasie der Kinder ein-

Richtlinien für den Fernsehkonsum

- Versuchen Sie, Fernsehen von Beginn an als positive Beschäftigung anzusehen. Dann ist es viel leichter, die Programmauswahl zu steuern – nicht zuletzt sind Sie dann auch informiert darüber, was sich Ihr Kind ansieht.

- Helfen Sie Ihrem Kind, zu verstehen, warum ihm das Fernsehen so attraktiv erscheint. Das wird es ermutigen, aktiver zu werden und Sendungen kritischer zu betrachten.

- Lassen Sie den Ferrnseher nicht im Hintergrund laufen. Unterhaltungen kommen dadurch nur schleppend in Gang. Ermutigen Sie Ihr Kind, den Fernsehapparat auszuschalten, wenn das Programm uninteressant wird.

- Wenn Ihr Baby oder Kleinkind von einem festen Platz aus, z.B. einem Hochstuhl, fernsieht, hat es keine andere Wahl als zuzuschauen. Wenn es auf dem Boden herumkrabbelt, hat es jedoch die Chance, sich dem Einfluß des Flimmerns zu entziehen. Auch das hilft ihm, schon früh den Fernsehkonsum zu steuern und zu selektieren.

- Kleine Kinder haben es gerne laut. Dennoch sollten Sie die Lautstärke auf möglichst geringem Niveau halten.

- Versuchen Sie, immer zusammen mit Ihrem Kind fernzusehen. Damit können Sie im begleitenden Gespräch das Interesse lenken, z.B. auf einen ungewöhnlichen Darsteller und dessen Worte hinweisen. Stellen Sie Fragen und ermutigen Sie Ihr Kind, Kommentare zu dem Gezeigten abzugeben. Selbst mit ganz kleinen Kindern gelingt es so, die Aufmerksamkeitsspanne zu erhöhen.

- Fernsehen hat großen Einfluß auf die Zeitplanung einer Familie. Wie oft wird das gemeinsame Essen verschoben oder fällt aus, weil ein besonders interessantes Programm läuft. Das Essen ist aber eine der wichtigsten Gelegenheiten, bei denen Kinder ihre Kommunikationsfähigkeit üben können. Nur bei Tisch ist es zudem möglich, die Grundregeln des Gabel- und Messergebrauchs sowie einige Manieren zu lernen.

- Versuchen Sie, den Ton abzudrehen oder den Fernseher ganz auszuschalten, wenn Werbung läuft.

schleichen. Statistiken belegen, daß Jugendliche im Alter von 15 bis 16 Jahren im Fernsehen Zehntausende von Gewaltszenen und Tausende von Morden gesehen haben. Diese können sowohl im Zeichentrickfilm als auch in realen Szenen dargestellt sein. Und sie werden zu Sendezeiten ausgestrahlt, die speziell Kindern und Jugendlichen vorbehalten sind! Das Fatale dabei ist, daß sogenannte indirekte Erfahrungen, die während des Fernsehens gemacht wurden, genauso stark wirken können wie tatsächliche persönliche Erlebnisse.

Für viele Kinder ist Fernsehen ab dem Alter von drei Monaten Teil ihrer täglichen Erfahrungswelt. Nicht wenige Mütter setzen sich vor den Fernseher, wenn sie ihr Baby füttern. Es dauert nicht lange, bis das für ein Kind zum täglichen Ritual wird.

Denken Sie einmal darüber nach, was Ihr Kind in der Zeit, die es vor dem Fernseher sitzt, alles tun könnte. Was verpaßt es an wichtigen Erfahrungen? Wie steht es mit der Unterhaltung, dem Lesen und Vorlesen, Spielen, Spazierengehen und Herumtoben?

Auch für Sie sollte Fernsehen kein Ersatz für das Lesen sein. Erstens gibt es tatsächlich keinen Ersatz für das Lesen, und zweitens sind Kinder, die bei ihren Eltern erleben, daß Fernsehen die Hauptunterhaltung darstellt, nicht gewillt, sich mit Büchern auseinanderzusetzen.

Außerdem ist es Ihrem Kind allemal zuträglicher, an einem Sommertag draußen in der frischen Luft mit seinen Freunden herumzutoben oder mit dem Hund zu spielen, als im Wohnzimmer vor dem Fernseher zu hocken und sich einen Zeichtrickfilm nach dem anderen anzusehen. Und wenn es auf dem Gehweg vor dem Haus seine Matchboxautos herumsausen läßt, hat es wenigstens nicht diesen geistesabwesenden Blick, den langes Fernsehen mit sich bringt.

Spielen und Sprechen bietet so viel mehr Gelegenheit zur

Interaktion, während das Sitzen vor dem Fernseher zur Passivität verdammt.

Ausgewählte Programme des Fernsehens erweitern den Erfahrungshorizont Ihres Kindes, aber sie können niemals die Unterhaltung oder das Lesen – die beste Möglichkeit, die Sprachentwicklung anzuregen – ersetzen.

Geraten Sie nun aber nicht in Panik, weil Ihr Kind viel fernsieht. Es macht wenig Sinn, radikal gegen das Fernsehen zu Felde zu ziehen. Außerdem ist es niemandem zu verdenken, wenn er seine Kleinen mal für einige Zeit vor dem Fernseher „parkt", um endlich mit der Hausarbeit fertig zu werden. Man muß sich nur überlegen, welche Sendungen man auswählt und wie diese in konstruktiver Weise in das Familienleben einbezogen werden können. Vielleicht ergeben sich Gespräche, oder es lassen sich daraus Spiele entwickeln.

Die Auswahl eines geeigneten Programms sollte vor dem Anschalten anhand einer Programmzeitschrift geschehen und nicht durch Herumzappen am laufenden Gerät. Man sollte sich gemeinsam für eine Sendung entscheiden und einige Zeit zusammen vor dem Fernseher sitzen.

Wenige Kinder- und Jugendsendungen sind so intelligent gemacht, daß sie auch Erwachsenen Vergnügen bereiten. Vor allem ist hier „Die Sendung mit der Maus" zu nennen. Sie ist witzig, verzichtet auf den pädagogischen Zeigefinger, bietet Stoff für Kinder ab vier Jahren, und jede Sendung enthält Beiträge, die auch für einen Erwachsenen interessant sind. In dieser Sendung werden dem Kind Vorgänge aus seiner nächsten Umgebung und die Funktion unterschiedlicher Dinge erklärt . Es werden ihm also altersgerechte und zweckmäßige, in Worte gefaßte Informationen vermittelt, die zugleich seinen Wortschatz erweitern.

Bei der Auswahl der Sendungen sollten Sie daran denken, daß Fernsehen nur ein Teil des Familienlebens, des Spiels und der Erziehung ist. Gewisse Grundsätze lassen sich zurechtlegen, die man ohne weiteres auch mit einem Dreijährigen besprechen kann.

Es läßt sich nicht vermeiden, daß ein Kind zuweilen Sendungen sieht, die nicht für sein Alter bestimmt sind, oder die zwar vorgeben, es zu sein, aber Ihren Grundsätzen widersprechen.

Ein Kind versteht aber sehr schnell zu unterscheiden und zu erkennen, was zu Ihren Grundsätzen im Widerspruch steht. In jedem Fall bekommt es ein Gefühl dafür, daß man planen und auswählen muß und daß man sich nicht wahllos einfach alles ansieht.

Sprechen lernen in besonderen Situationen
Sprachentwicklung in einem komplizierten Umfeld

Do you speak Deutsch?
Vom Umgang mit mehreren Sprachen

Millionen von Kindern rund um den Erdball wachsen mit zwei oder manchmal sogar mehr Sprachen auf, sei es, weil die Eltern unterschiedliche Sprachen sprechen, sei es, weil die Familie in ein anderes Land übersiedelt. Mehrsprachigkeit kann auch das Ergebnis eines gewachsenen Interesses an Fremdsprachen sein, das Eltern veranlaßt, ihre Kinder einer fremdsprachigen Umgebung auszusetzen.

Die bisherigen Untersuchungen lassen keine Rückschlüsse zu, ob Zweisprachigkeit positive oder negative Auswirkungen auf die Entwicklung eines Kindes hat.

Im allgemeinen hat man von der Zweisprachigkeit viele Vorteile, und zwar sowohl in der Jugend als auch im Erwachsenenalter. Ihr Kind ist in einer glücklichen Lage, wenn es mehr als eine Sprache spricht, weil ihm dadurch viele Türen offenstehen. Die Situation von Ausländerkindern, deren Eltern in Deutschland Asyl beantragt oder hier bessere Arbeitsmöglichkeiten haben, wäre ohne Zweisprachigkeit ziemlich aussichtslos.

Jede Sprache öffnet das Bewußtsein für einen größeren Reichtum an Ideen, an Kulturerfahrungen und zwischenmenschlichen Erlebnissen. Nicht selten ist es so, daß Kinder die Sprache des Gastlandes in Windeseile aufnehmen und für ihre Eltern als Dolmetscher fungieren können.

In zweisprachigen Familien ist die Sprachentwicklung komplizierter als in einsprachigen. Besonders wenn die

Merkmale zweisprachiger Entwicklung

- In der Regel gibt es am Anfang eine Phase, in der das Kind die beiden Sprachen vermischt.
- Ein Sprachsystem kann das andere beeinflussen.
- Normalerweise setzt sich eine der beiden Sprachen durch.
- Ein rascher Wechsel von einer Sprache zur anderen ist möglich, wenn sich die sprachliche Umgebung ändert.
- Selbst wenn die zweite Sprache längere Zeit nicht gesprochen wurde, kann sich eine zweisprachige Person sofort in die neue Umgebung „einklinken".

Eltern ihre beiden Sprachen nicht sauber trennen, spricht das Kind gelegentlich eine Mischsprache, bei der es innerhalb eines Satzes die Sprachen wechselt, ohne zunächst zu erkennen, daß es sich in zwei Sprachen bewegt. In der Regel lernt es jedoch sehr bald, die beiden Sprachen zu trennen, und es kommt selten vor, daß das Kind in einem Alter über vier Jahren die Sprachen noch vermischt.

Zweisprachige Erwachsene bedienen sich gelegentlich eines „Code-Wechsels", das heißt, sie wechseln bewußt von einer Sprache in die andere, manchmal von einem Satz zum anderen, manchmal sogar im Satz. Dieser Wechsel kann Ausdruck einer hervorragenden Beherrschung beider Sprachen sein, er kann aber, vor allem bei langen Auslandsaufenthalten, auch dazu führen, daß man keine der beiden Sprachen mehr richtig beherrscht, und das kann verheerende Folgen für das Kind haben, das dadurch in keiner Sprache zuhause sein wird. Bei kleinen Kindern führt das womöglich dazu, daß sie lange nicht wissen, welches Wort zu welcher Sprache gehört und damit sehr verunsichert sind.

Da zweisprachig aufwachsende Kinder weniger Zeit in einer Sprache verbringen, kann es lang dauern, bis sie das gleiche Niveau der Sprachbeherrschung erreichen wie einsprachig aufgewachsene Kinder. Aber so gut wie alle Studien beweisen, daß zweisprachige Kinder früher oder später aufholen, vor allem, wenn sie die Möglichkeit haben, sich längere Zeit überwiegend in einer der beiden Sprachen zu bewegen.

Wie können Sie Ihrem Kind helfen?

Sprachentwicklung verläuft immer gleich, egal in welcher Sprache, egal, ob ein Kind eine oder mehrere Sprachen lernt. Aber die Frage ist, ob ein Kind beide Sprachen gleichzeitig lernen soll oder besser eine nach der anderen. Beides ist realisierbar, und das Kind wird beide Sprachen gleich gut erlernen.

Eltern können sich für verschiedene Sprachstrategien entscheiden, wenn sie ihr Kind zweisprachig aufwachsen lassen wollen:

- Lassen Sie Ihr Kind zunächst in einer Sprache heimisch werden, bevor Sie eine zweite einführen.
- Jeder Elternteil spricht konsequent seine Muttersprache mit dem Kind.
- Beide Sprachen dürfen zu jeder Zeit verwendet werden, allerdings sollten Sie in sich sauber getrennt werden (einsprachige Satzkonstruktionen).
- Die Sprache des Herkunftslandes wird nur zuhause gesprochen, die Sprache des Gastlandes im Kindergarten und in der Schule.

Welche Möglichkeiten Sie wählen, hängt von der Umgebung und den Lebensumständen, in denen Sie sich befinden, ab. In der Emigration oder während eines vorübergehenden Auslandsaufenthaltes werden Sie darauf bedacht sein, die Muttersprache wenigstens in den eigenen vier Wänden aufrechtzuerhalten. Ausschlaggebend ist immer, daß Ihr Kind die Sprache spielerisch und mit Freude erlernt und einsetzt. Benützen Sie Liederbücher, und regen Sie Rollenspiele an, um Ihre Muttersprache bei Ihrem Kind gegenüber der Sprache des Gastlandes zu festigen. Leihen Sie sich Bücher aus oder abonnieren Sie Zeitschriften in Ihrer Sprache. Setzen Sie Tonkassetten mit Märchen oder Videos ein und nutzen Sie das Fernsehprogramm, das eine große Auswahl an Information und Anregungen zum Thema Sprache bietet.

Ermutigen Sie die Spielgruppe oder die Kindergärtnerinnen, mehr multikulturelle Aktivitäten anzubieten und Zweisprachigkeit zu unterstützen. Im Kindergarten können Sie Schilder und Poster in verschiedenen Sprachen aufhängen. Sie und andere zweisprachige Eltern könnten im Kindergarten alle Kinder in ihrer Muttersprache unterrichten. Kindern macht es in der Regel Riesenspaß, wenn sie in vier Sprachen zählen können oder wenn sie Kinderreime in anderen Sprachen lernen.

Zweisprachige Kinder mit Sprech- und Sprachproblemen

Was passiert, wenn Sie eine zweisprachige Familie sind und Ihr Kind ein Sprachproblem hat oder sich mit der Aussprache schwer tut? Natürlich ist jede Situation anders zu beurteilen, und es hängt von der Art und der Schwere des Problems ab, inwieweit Sie eingreifen müssen. Sobald massive Schwierigkeiten auftauchen, sollten Sie einen Logopäden aufsuchen.

Wenn die Sprache des Kindes nur kleine Unsauberkeiten in der Lautentwicklung aufweist, besteht kein Grund, den Gebrauch einer der beiden Sprachen einzustellen. Es gibt

> Auch wenn die Sprache des Kindes die eine oder andere Unsauberkeit in der Lautentwicklung aufweist, ist das kein Grund, den Gebrauch einer der beiden Sprachen auszusetzen.

allerdings Situationen, in denen es ratsam ist, über einen Zeitraum hinweg nur eine Sprache zu benutzen, bis sich das Sprechverhalten Ihres Kindes wieder normalisiert hat.

Ein Kind, das schwere Sprachstörungen zeigt, sollte sich für einige Zeit auf lediglich eine Sprache konzentrieren können, um den gleichen Entwicklungsstand in beiden Sprachen zu erreichen. Das kann bedeuten, daß ein Kind den Besuch des landeseigenen Sprachunterrichts unterbricht, bis sich seine Deutschkenntnisse wieder zum Positiven verändert haben.

Großeltern oder andere Familienmitglieder sind oft besorgt,

wenn sich das Kind für einige Zeit auf eine fremde Sprache konzentrieren muß. Sie befürchten, daß das Kind nicht genug von der Muttersprache lernt und sich nicht mehr mit ihnen unterhalten kann.

Es ist aber gewiß, daß das Kind auch die Muttersprache noch perfekt lernen wird, vielleicht nur nicht so schnell, wie Sie sich das erhofft haben. Sobald das Problem in der einen

Sprache behoben ist, kann das Kind mit der anderen fortfahren. Manchmal genügt es auch schon, daß der Elternteil, der Deutsch spricht, sich sprachlich noch etwas intensiver mit dem Kind beschäftigt.

Schwierig wird es, wenn ein Kind Probleme mit der Sprache des Vaters hat, aber überwiegend mit der Mutter zusammen ist, die nur ihre eigene Sprache beherrscht. In diesem Fall sollte man sich auch Rat bei einem Logopäden holen.

Weiter entfernte Familienangehörige setzen Eltern oft unter Druck, wenn sie behaupten, daß das Erlernen von zwei Sprachen die Sprachentwicklung behindere. Das mag in einigen Fällen zutreffen, aber häufig haben Sprachprobleme mit dem zweisprachigen Hintergrund nichts zu tun.

Um so wichtiger ist es, sich bei Zweifeln und Schwierigkeiten den Rat eines Experten zu holen.

Grundsätzlich sind Kinder in der Mehrzahl der Fälle sehr wohl in der Lage, ohne Probleme zwei Sprachen auf einmal zu lernen, und zweisprachig aufgewachsene Kinder werden später von den Vorteilen ihrer Zweisprachigkeit im sozialen wie im kulturellen Bereich profitieren.

Je mehr, desto lustiger
Zwillinge, Drillinge und Mehrlinge

Wenn Sie Zwillinge haben, sind Sie mit den täglichen Freuden und Mühen vertraut, die eine Doppelversorgung mit sich bringt. Sie haben zwar das Glück, zwei Kinder auf einmal bekommen zu haben, aber es bleibt auch die zweifache Arbeit und der zweifache Streß, hoffentlich aber auch die zweifache Freude.

Eine von 90 schwangeren Frauen bringt Zwillinge und eine von 200 bringt Drillinge zur Welt. Diese statistischen Daten können sich je nach familiärer Anlage und eventuellen Hormonbehandlungen verschieben. Wir beschränken uns in diesem Kapitel auf Zwillinge, die zahlenmäßig größte Gruppe unter den Mehrfachgeburten. Die Aussagen haben aber auch für andere Mehrfachgeburten Gültigkeit!

Nach allgemeiner Überzeugung ist die Sprachentwicklung von Zwillingen gegenüber der von Einzelkindern eher ver-

zögert. Bei vielen stimmt das und bei vielen nicht. Die Diskussionen zum Thema Spracherwerb bei Zwillingen laufen ähnlich ab wie die Diskussionen über die Zweisprachigkeit von Kindern. Bei beiden Gruppen besteht die Gefahr eines verzögerten Spracherwerbs, aber wenn diese Kinder von Geburt an angemessen gefördert werden, ist eine Verzögerung, wenn überhaupt, minimal.

Eltern von Zwillingen hört man manchmal sagen: „Sie stecken die Köpfe zusammen und unterhalten und vergnügen sich den ganzen Tag!" Das kann bedeuten, daß sie weniger Ansprache herausfordern als andere Kinder oder aber, daß ihre Sprachentwicklung hinter der anderer Kinder herhinkt.

Kinder brauchen Muster, die sie kopieren können, wenn sie etwas Neues lernen sollen. Wenn sich also Zwillinge überwiegend mit sich selbst beschäftigen, haben sie auch nur ihr eigenes Verhalten, das sie kopieren können, und entsprechend weniger Verhaltensmuster von Erwachsenen. Hinzu kommt, daß sie seltener mit Erwachsenen alleine sind. Jedes Kind benötigt regelmäßig Zeit, in der es mit einem Elternteil alleine ist, wenn sich seine sprachlichen Fähigkeiten altersgemäß entwickeln sollen.

Häufig geht der lautere Zwilling aus sich heraus und fordert dadurch mehr Aufmerksamkeit als der ruhigere. Dennoch muß man mit einer Klassifizierung in „dominierende" und „ruhige" vorsichtig sein, um damit keine vorgefaßten Verhaltensmuster zu manifestieren, die nur dazu führen, daß man den beiden Kindern mit unterschiedlichen Erwartungshaltungen entgegentritt.

Man weiß, daß Zwillinge unter sich so gut kommunizieren, daß sie weniger des Kontaktes zu anderen bedürfen. Deshalb ist ihr Bedürfnis, sich anderen mitzuteilen und verständlich zu machen, auch nicht so groß. Eltern sollten daher darauf achten, daß sie regelmäßig für ein Einzelgespräch mit jedem Kind Zeit haben. Vor allem sollte man immer jedes Kind direkt ansprechen, Fragen und Antworten jeweils an eines richten und nicht an beide auf einmal. Versuchen Sie auch, nicht ständig den Bedürfnissen Ihrer Kinder vorzugreifen, weder denen des einzelnen noch denen beider zusammen.

Geben Sie ihnen immer die Gelegenheit, ihre Bedürfnisse und Wünsche selbst und einzeln zu formulieren. Das ist wichtig nicht nur für ihre Sprachentwicklung, sondern auch für ihre Sozialisation. Schicken Sie auch ruhig mal einen der Zwillinge alleine zum Spielen los, damit der Zurückbleibende gefordert ist, sich alleine mit anderen auszutauschen und sich nicht immer auf den anderen verlassen kann. Sie selbst werden sich auch gerne einmal ausgiebig mit dem Kind beschäftigen, das zu Hause geblieben ist.

Wahrscheinlich kennen wir alle Zwillingspaare, bei denen die Sprachentwicklung verzögert war, und jeder das unglücklicherweise für „normal" hielt. Das muß nicht so sein. Zwillinge haben dieselben Anlagen für eine normale Sprachentwicklung wie andere Kinder.

Untersuchungen haben gezeigt, daß Zwillinge zu Beginn ihrer Schulzeit mit ihrer Sprachentwicklung etwa 6 bis 9 Monate hinter der von Einzelkindern zurück sind, was vor allem bei Jungen der Fall ist. Eine Verzögerung in der Sprachentwicklung kann zu Hemmungen beim imaginativen Spielen und im Sozialverhalten gegenüber Mitschülern und Lehrern führen.

Bei Zwillingen ist es nicht anders als bei anderen Kindern, bei denen frühe Sprech- und Sprachprobleme später zu Schwierigkeiten mit dem Lesen, Schreiben und Buchstabieren führen. Deshalb ist ein früher und angemessener Umgang mit Sprache enorm wichtig. Sollten Sie sich zu irgendeinem Zeitpunkt diesbezüglich Sorgen machen, gehen Sie zu einem Logopäden.

Sprache und Verhalten
Mit Sprache das Verhalten
eines Kindes beeinflussen

Wir wollen uns hier nicht in eine umfassende Diskussion zum Thema Disziplin einlassen, ein Thema, das alle Eltern früher oder später angeht und das in einer hinreichenden Anzahl von Büchern gründlich abgehandelt worden ist.

Es geht hier allein um die Hintergründe, die Kinder bewegen, sich auffällig zu verhalten. Welche Verhaltensweisen Ihr Kind auch immer an den Tag legt, diese sind Ausdruck seiner Art zu kommunizieren.

Wenn Sie das Verhalten Ihres Kindes korrigieren möchten, machen Sie ihm vor, wie Sie selbst mit anderen umgehen. Greifen Sie verbal entsprechend dem Sprachniveau Ihres Kindes ein und helfen Sie ihm dadurch, möglicherweise konfliktgeladene Situationen zu umgehen und Frechheiten zu steuern, bis sie schließlich ausbleiben. Sie können das Verhalten Ihres Kindes steuern – und zwar von Geburt an!

Grundsätzlich ist für die gesunde Entwicklung eines Kindes ausschlaggebend, daß es Geborgenheit spürt und möglichst oft in seinem Verhalten bestätigt wird. Allerdings sollte die Geborgenheit nicht zu einem extremen Festhalten werden, denn dann wird das Kind ängstlich und verliert den Mut, Neues auszuprobieren und mit neuen Ideen zu experimentieren.

Als mein Sohn anfing, ausgelassen im Wasser zu planschen, habe ich ihm aus Angst vor einer Mittelohrentzündung jedesmal Stöpsel in die Ohren gesteckt. Manchmal habe ich vor Schreck aufgeschrien und ihn schnell aus dem Wasser gezogen. Meine Angst hat in ihm die Furcht vor Wasser so tief verankert, daß es sechs Jahre und viel harte Arbeit nötig waren, um ihm diese Scheu wieder zu nehmen.

Nein!
Nein!
Nein!

Es gibt Phasen, in denen Ihr Kind den Gebrauch des Wortes „nein" bis zum Exzeß ausprobiert.

Es ist naheliegend, daß es das Wort „nein" einsetzt, weil es dieses Wort bereits sehr häufig gehört hat.

Vielleicht sollten Sie sich einmal überlegen, ob es nicht Möglichkeiten gibt, ein Kind zu bremsen, ohne „nein" zu sagen.

Es ist wichtig, daß Sie Ihrem Kind soviel Aufmerksamkeit wie möglich schenken, gleich, ob es glücklich ist und spielt oder schreit und ungezogen ist. Es muß lernen, welches Verhalten positiv und welches negativ aufgenommen wird – und von wem soll es das lernen, wenn nicht von Ihnen?

Versuchen Sie, sooft wie möglich Ihr Kind zu loben. An manchen Tagen mag Ihnen das schwer fallen, aber irgend etwas findet sich immer.

„Hast du das ganz alleine gemacht? Du bist wirklich ein schlaues Mädchen!"

„Ihr spielt aber schön zusammen. Fein, daß Ihr die Spielsachen teilt!"

Lernen braucht für jeden Menschen seine Zeit, und gerade Kinder müssen immer und immer wieder ermutigt werden.

Kleinkinder sind neugierig und können ihr Verhalten noch nicht steuern. Sie müssen erst lernen, daß im Spiel auch einmal ein anderer drankommt, daß man teilen muß und gelegentlich auch verliert. Da sie ganz selbstverständlich Ihr Verhalten kopieren, sollten Sie dieses überprüfen. Es wäre unfair, wenn für Kinder andere Regeln gälten als für Erwachsene.

Irgendwann wird Ihr Kind den Gebrauch des Wortes „nein" bis zum Exzeß ausprobieren. Sicher hat es diesen Ausdruck bereits häufig gehört!

Wenn Ihnen das mißfällt, sollten Sie Ihren eigenen Gebrauch dieses Wortes einschränken. Es gibt viele Möglichkeiten, einem Kind zu signalisieren, daß es mit etwas auf-

hören soll, ohne das Wort „nein!" direkt auszusprechen.

Wenn Ihr Kind anfängt, seine Umgebung
zu erkunden und zu sprechen, steigert sich
Ihre Erwartungshaltung enorm. Wenn Sie
aber zuviel auf einmal erwarten, kann es
sein, daß auf der anderen Seite die Wutaus-
brüche Ihres Kindes zunehmen. Seien wir
ehrlich, wir selbst sind ebenfalls frustriert,
wenn uns eine Aufgabe zu schwierig erscheint oder wenn von uns erwartet wird,
daß wir uns in einer bestimmten Situation
anders verhalten. Diese Gefühle steigern
sich, wenn uns ein Freund mitteilt, daß wir
einen Fehler gemacht haben.

Ein Kleinkind erfaßt oft nur das Grundmuster einer
Handlung. Es kann durchaus sein, daß es helfen wollte, als es
seinen Porzellanteller auf den Boden warf – hat es Sie nicht
heute morgen dabei beobachtet, wie Sie seinen Teller in die
Spüle warfen? Jemand muß ihm den Unterschied zwischen
Porzellan und Plastik und zwischen dem
Boden und der Spüle erklären!

Ihr Kind muß nach und nach lernen,
daß es verschiedene Möglichkeiten gibt,
etwas zu erledigen. Sie mögen es nicht
zur Kenntnis nehmen, wenn Ihr Kind zu
Hause seine Suppe aus der Schale trinkt,
aber in Gesellschaft anderer würde dieses verhalten Anstoß erregen.

Jedes Kind wird offen reagieren, wenn
man sein Verhalten positiv korrigiert
und davon absieht, sich nur auf das Negative zu konzentrieren. Es reicht nicht
aus, sich über eine Verhaltensweise, die

Ja!
Ja!
Ja!

Du bist ein braves
Mädchen! Du bist ein
lieber Junge!

Versuchen Sie, sooft wie
möglich Ihr Kind zu
loben.

„Das kann ich selbst"

Ihr Kind möchte zu-
nehmend unabhängig
werden, selbst ein Spiel
auswählen. Wenn es
selbst entscheiden kann,
lernt es, daß es etwas
bewirken kann und daß
das, was es denkt,
wichtig ist.

127

negatix	positiv
Hör mit diesem Gejammer auf!	Ich werde dir gerne zuhören, wenn du aufhörst zu jammern!
Schmeiß die Tür nicht zu, wenn du 'rausgehst!	Mach' bitte die Tür leise zu, wenn du 'rausgehst.
Hör auf herumzuschreien!	Sprich bitte etwas leiser!

man als störend empfindet, zu beschweren. Ein Kind braucht ein Vorbild, einen Hinweis, um zu lernen, wie es etwas anders machen soll.

Sie können das Verhalten Ihres Kindes nur steuern, wenn Sie ihm eine klare Botschaft überbringen. Sagen Sie ihm genau, was Sie von ihm wollen, und erklären Sie möglichst auch, warum. Bleiben Sie ruhig und sachlich, schreien Sie nicht, denn Schreien übermittelt eigentlich nur die Botschaft, daß Sie ärgerlich sind. Es könnte sein, daß Ihr Kind von der Atmosphäre, die Ihr Schreien verbreitet, so benommen ist, daß es gar nicht hört, was Sie sagen wollen.

Versuchen Sie, Anweisungen und Fragen zu vermeiden, die mit „Nein!" beantwortet werden können. Die meisten Eltern wollen, daß ihre Kinder irgendwann selbständig werden, daß sie für sich selbst Verantwortung übernehmen und begründen können, warum sie sich so und nicht anders festgelegt haben.

Wenn Ihr Kind selbst entscheiden kann, dann spürt es, daß das, was es denkt, zählt und daß man es ernst nimmt. Kinder müssen auch das einüben. Wann immer es möglich ist, sollten Sie Ihr Kind eine Entscheidung fällen lassen:

statt	lieber
War da nicht etwas, was du tun solltest?	Bitte mach' den Fernseher aus!
Warum liegt hier überall Lego herum?	Leg' bitte Deine Legosteine in die Schachtel!
Unterbrich mich nicht! Siehst du nicht, daß ich spreche?	Bitte warte solange, bis ich fertig bin!
	Hör auf zu spucken! Auf der Stelle!
Hör auf, du Schmutzfink!	
	Bitte laß die Cornflakes in der Schüssel!
Hör auf! Was glaubst du, wo die Cornflakes wohl hingehören?	

> „Komm, wir gehen einkaufen. Sollen wir mit dem
> Auto fahren oder zu Fuß gehen?"

Wichtig ist natürlich, daß Sie dann die Entscheidung Ihres Kindes respektieren. Sollte Ihr Kind sich für das Auto entschieden haben, und Sie sagen:

> „Nein, es ist so ein schöner Tag. Ich glaube, wir gehen
> lieber zu Fuß!",

... dann haben Sie es nicht ernst genommen.

Entsprechend sollten Sie nichts zur Wahl stellen, wenn es keine Wahlmöglichkeit gibt. Es führt zwangsläufig zu einem Aufstand, wenn Sie Ihr Kind fragen, was es essen möchte, wenn Sie nur Spinat im Haus haben. Das Gleiche gilt für Fragen wie

> „Kommst du jetzt zum Baden?"

Im Grunde haben Sie bereits entschieden, daß Ihr Kind baden soll, das Wasser ist eingelassen. Es wäre besser gewesen zu sagen:

„So, es ist jetzt Zeit zum Baden. Das Wasser habe ich schon einlaufen lassen!"

Behandeln Sie Ihr Kind mit dem gleichen Respekt, den Sie auch Erwachsenen entgegenbringen. Wenn Sie Ihrem Kind sagen, was es tun soll, und eine prompte Reaktion erwarten, dann sollte das für beide Seiten gelten. Wenn Sie verlangen können:

„ Komm jetzt. Steig ein. Wir sind spät dran!",

dann hat Ihr Kind eigentlich auch das Recht zu fordern:

„Ich möchte jetzt etwas zu trinken!"

Nur wenn Sie Ihrem Kind gegenüber „bitte" und „danke" verwenden, werden Sie es an einen höflichen Umgang mit anderen Menschen gewöhnen.

Auch die rechtzeitige Ankündigung, daß Sie etwas anderes tun möchten, kann viel Ärger ersparen. Stellen Sie sich vor, Sie sitzen vor dem Fernseher, haben Ihr Lieblingsprogramm eingeschaltet, und plötzlich kommt Ihr Partner herein und verlangt:

„Mach den Fernseher aus. Ich möchte jetzt noch was trinken gehen."

Ihr Kind ist eine Persönlichkeit, auf dessen Gefühle man Rücksicht nehmen sollte, und kein Gegenstand, den man herumschiebt.

Kündigen Sie es rechtzeitig an, wenn Ihr Kind sein Spiel abbrechen soll.

„Noch drei Würfe, dann kommst Du bitte zum Essen!"

„Wenn der Film zu Ende ist, müssen wir zum Einkaufen gehen. Wir brauchen noch ..."

Ihr Kind muß verstehen lernen, daß seine Entscheidungen Konsequenzen haben. Wenn es also einen mittleren Aufstand inszeniert, um durchzusetzen, daß es an einem regnerischen Tag Socken und Sandalen tragen darf, dann muß es auch die nassen Füsse ertragen und erfahren, daß kein Ersatzschuhwerk herbeigezaubert werden kann, wenn die nassen Füße ungemütlich werden.

Drohungen sind wenig hilfreich, und Warnungen schüchtern Ihr Kind höchstens ein:

„Paß auf, daß du nicht fällst!"

Eltern wirken manchmal fast schadenfroh, wenn das Kind dann tatsächlich gefallen ist, und kommentieren prompt:

„Na, was habe ich gesagt!"

So verursachen Sie aber nur ein ungutes Gefühl – auf beiden Seiten.

Wichtig ist, konsequent zu sein. Regeln sollten nicht nur bei einem Elternteil immer die gleichen bleiben, sondern von beiden eingehalten werden. Andernfalls wird das Kind sehr schnell herausfinden, wie es sich durch bestimmte Situationen mogeln kann, und den einen gegen den anderen ausspielen.

Überlegen Sie gut, wie Sie auf eine Sache reagieren wollen, bevor Sie sich festlegen – vielleicht war das, was Ihr Kind „verbrochen" hat, gar nicht so schlimm, wie es zunächst ausgesehen hat.

Wenn Sie sich jedoch einmal entschieden haben, wie Sie sich in einer bestimmten Situation verhalten wollen, dann müssen Sie auch dabei bleiben. Wenn Sie ständig Ihre Meinung ändern oder nachgeben, fordern Sie Ihr Kind nur dazu heraus zu nörgeln und zu betteln, damit es am Ende doch das bekommt, was es will.

Ihr Kind braucht konsequente Regeln, es muß lernen, wo seine Grenzen liegen. Wenn Sie „Nein!" sagen, muß das auch „Nein!" bedeuten und nicht „Vielleicht!" oder „Irgendwie bin ich noch rumzukriegen!".

Gefühle und Selbstwertgefühl

Ihr Kind hat Gefühle, und Sie können ihm helfen, diese zu erkennen und zu verstehen; in der Folge wird es auch die Gefühle von anderen verstehen lernen.

Geben Sie seinen Gefühlen einen Namen, selbst wenn es noch sehr klein ist. Zeigen Sie Verständnis dafür, daß es wütend ist, wenn ihm ein anderes Kind seine Spielsachen wegnimmt. Und sagen Sie ihm das auch:

„Ich verstehe, daß du zornig bist, weil dir der Junge den Ball weggenommen hat."

Ermutigen Sie Ihr Kind, seine Gefühle auszudrücken, wenn es sich mit einem anderen Kind streitet, und erklären Sie ihm, was es so aufgebracht hat:

„Das hat wehgetan, als er dich gezwickt hat!"

Formulieren Sie Ihre eigenen Gefühle deutlich. Wenn Sie sich ärgern, müssen Sie Ihrem Kind sagen, daß es nicht unbedingt damit zu tun hat, daß es ungezogen war:

„Tut mir leid, daß ich so gebrüllt habe, aber ich bin heute wirklich furchtbar müde!"

Ihr Kind muß wissen, daß Sie es liebhaben, egal, wie Sie gerade aufgelegt sind oder was es angestellt hat. Diese Sicherheit braucht Ihr Kind. Drohen Sie niemals damit, daß Sie ihm die Zuneigung entziehen. Das ist nicht nur grausam, sondern auch gefährlich. Wenn es sich danebenbenommen hat, machen Sie sehr deutlich, daß es das augenblickliche Benehmen ist, das Sie ärgert, und nicht Ihr Kind als Person.

Es ist ein Riesenunterschied für das Selbstwertgefühl Ihres Kindes, ob Sie zu ihm sagen: „Du bist ein böses Kind!“ oder „Das war böse, was du gerade getan hast!“

Abgesehen davon sollten Sie immer Gelegenheiten suchen, Ihrem Kind zu zeigen, daß es mit sich und seinem Fortschritt sehr zufrieden sein kann. Es ist dann nicht abhängig vom Lob anderer Leute:

> „Toll, daß du das schon alleine lesen kannst. Da bist du sicher ganz stolz darauf!“

Botschaften dieser Art fördern die Entwicklung eines positiven Selbstwertgefühls.

Wie geht man mit auffälligem, schwierigem Verhalten um?

Wenn unsere Kinder Dinge tun, die nach unserem Verständnis ungezogen sind, reagieren wir prompt und heftig, anstatt eine kurze Denkpause einzulegen und dann angemessen einzugreifen.

Eine solche Denkpause ist vielleicht einfacher gesagt als getan, aber versuchen Sie, einen Moment innezuhalten, bevor Sie loslegen. „Was möchte mein Kind mir durch sein Verhalten mitteilen? Warum macht er/sie das?“

Stellen Sie sich ähnliche Fragen und berücksichtigen

Sie dabei, daß Ihre Reaktionen an das Alter Ihres Kindes und dessen Entwicklungsstand angepaßt sein müssen.

Was heißt eigentlich „ungezogen"?

Wie ernst muß man „ungezogenes" Betragen nehmen? Kann sich das Kind dabei verletzen? Kann es andere verletzen?

Glauben Sie, daß Ihr Kind versteht, was es bedeutet, wenn Sie sagen, daß es „ungezogen" ist? Vielleicht ist es eher angebracht, ihm ein paar simple Regeln beizubringen:

> „Nicht schlagen. Das tut weh!"

In diesem Buch haben wir immer wieder über Erwartungen gesprochen. Überlegen Sie, ob Sie angemessene Erwartungen haben. Ist es möglich, daß diese zu hochgesteckt sind? Stellen Sie vielleicht an Ihr Zweijähriges die Erwartung, daß es sich benimmt wie das Vierjährige Ihrer Nachbarin?

Machen Sie sich klar, bevor Sie auf das Verhalten Ihres Kindes reagieren, daß Sie eine Botschaft übermitteln wollen. Ihre Reaktion muß seinem Verhalten angemessen sein.

Wenn Sie bei jeder Kleinigkeit „losbellen", könnte es sein, daß Ihr Kind diese Reaktion als Nebeneffekt seines Verhaltens einstuft und Ihr Geschrei schlicht ignoriert – es wird zu einer Art Hintergrundgeräusch und verliert jegliche Wirkung, die es aber in bestimmten Situationen haben muß. In einer Gefahrensituation könnte eine schnelle Reaktion auf Ihr Schreien das Leben Ihres Kindes retten. Wenn sein Ball auf die Straße rollt und es versucht, hinterherzulaufen, werden Sie „Halt!" schreien, und hoffentlich wird Ihr Kind dem Ton Ihrer Stimme entnehmen, daß es unbedingt stehenbleiben muß. In einer eher alltäglichen Situation, wenn die Bücher über den ganzen Fußboden verteilt sind, wäre es hingegen angemessen zu sagen:

> „Kannst du mir helfen, die Bücher ins Regal zurückzustellen?"

negativ	positiv
Du bist wirklich ungezogen. Es ist nicht gut, wenn du deine Spielsachen so durch das Zimmer wirfst!	Wenn du deine Spielsachen so herumwirfst, dann gehen sie womöglich kaputt!
Du bist wirklich sehr ungezogen. Warum trittst du andere Kinder?	Treten tu weh. Das solltest du nicht tun!

Reagieren Sie zu extrem?

Warum reagieren Sie heftig? Sind Sie müde oder geht es Ihnen nicht gut? Wenn das zutrifft, sollten Sie sich und Ihrer Familie für diesen Tag nicht zu viele und vor allem keine unrealistischen Ziele stecken. Nehmen Sie es ein bißchen leichter – gehen Sie in den Park, holen Sie etwas zu essen, anstatt selbst zu kochen.

Warum macht mein Kind solch ungezogene Dinge?

Langweilt sich Ihr Kind oder sucht es Aufmerksamkeit? Waren Sie tagsüber zu beschäftigt? Möchte Ihnen Ihr Kind vielleicht sagen, daß es etwas von Ihrer Zeit haben möchte?

Ist es frustriert? Ist das, was Sie von ihm wollen, zu schwierig, oder braucht es Hilfe? Vielleicht können Sie ihm die Frustration ein wenig nehmen, indem Sie das, was es macht, in kleinere Schritte aufteilen. Manchmal kommt die Frustration auch davon, daß die Aufgabe, die Sie ihm gestellt haben, zu einfach ist. Daß ihm etwas früher Spaß gemacht hat, bedeutet noch lange nicht, daß es das auch weiterhin tun möchte.

Wie bringe ich mein Kind am besten dazu, daß es etwas Ungezogenes nicht wieder tut?

Wenn Sie Ihr Kind maßregeln, dann wollen Sie, daß es lernt, etwas besser zu machen und mit seiner Umgebung besser fertig zu werden. Im folgenden werden einige allgemeine Taktiken beschrieben, mit denen Sie etwas erreichen können. Literaturhinweise zu diesem Thema finden Sie im Anhang.

Erst Luft anhalten und überlegen, dann handeln!

Ist das Kind wirklich ungezogen? Reagiere ich extrem? Warum macht mein Kind das?

Zwischenfälle übersehen

Leichter gesagt, als getan. Eltern, die ein quengelndes Kind um sich haben, wissen, wie schwierig es ist, damit umzugehen. Aber manchmal hilft es tatsächlich, einfach zu übersehen, was Ihr Kind angestellt hat.

Wenn Ihr Kind Ihre Aufmerksamkeit auf sich ziehen möchte und sich deshalb auffällig benimmt, dann versuchen Sie einmal, das nicht zur Kenntnis zu nehmen. Die Situation wird sich entschärfen! Wutanfälle treten bei Kleinkindern seltener auf, wenn man sie ignoriert.

Ablenken

Der Erfolg dieser Methode hängt vom Alter Ihres Kindes ab. Ältere Kinder lassen sich weniger leicht ablenken als Kleinkinder.

Versuchen Sie, die Situation realistisch einzuschätzen. Wenn Sie von einem Kleinkind erwarten, daß es sein Spielzeug gerne mit anderen teilt,

Taktik: übersehen, ablenken, abhalten, begründen, vorleben.

Eine Verhaltensweise, die einem nicht gefällt, wird am besten durch das Bestärken und Vorleben einer positiven Alternative verändert.

kann das sehr unrealistisch sein. Wenn Sie dagegen versuchen, etwas anderes, womöglich Ähnliches zu finden und es als Ersatz anbieten, wird es sein Spielzeug hergeben. Manchmal gelingt es auch, beide Kinder von den strittigen Gegenständen abzulenken. Vielleicht sehen Sie gerade eine Katze im Garten.

Umgestalten

Bereits wenn Ihr Kind im Krabbelalter ist und erst recht, wenn es laufen kann, werden Sie feststellen, daß es nichts gibt, an das es nicht herankommt. Sie können es natürlich von den Dingen, die Ihnen wertvoll sind oder die gefährlich sind, immer wieder wegholen. Aber manchmal ist es sinnvoller, die Umgebung ein wenig umzugestalten, um Ärger von vornherein auszuschalten. Kein Kind wird der Versuchung widerstehen, sich an einem herabhängenden Tischtuch festzuhalten.

Einfache Erklärungen

Einfache Regeln aufzustellen („Schlagen tut weh, es wird nicht geschlagen!") ist effektiver, als zu schreien. Bei Kleinkindern reicht oft schon ein bestimmter Ton in Ihrer Stimme, um sich durchzusetzen.

„Oh, heiß! Vorsicht! Tut weh!"

Auszeit

Sie können Ihrem Kind eine „Auszeit" auferlegen, indem Sie es nehmen und in sein Zimmer bringen oder in irgendeine Ecke schicken und es dort nicht beachten. Sie können natürlich auch selbst das Zimmer verlassen.

Die „Auszeit" gibt Ihnen und Ihrem Kind die Möglichkeit, sich zu beruhigen und sein Gesicht zu wahren. Sie müssen das Ganze allerdings vorher ankündigen und Ihrem Kind erklären, warum Sie es isolieren wollen. Außerdem sollten Sie festlegen, wann die „Auszeit" beendet ist – z.B. können Sie die Auszeit mit der Eieruhr bestimmen. Besonders bei kleinen Kindern darf diese Zeit nur ganz kurz sein. Und sie muß auf Verhaltensweisen beschränkt sein, die man wirklich nicht tolerieren kann.

Strafen

Eine Bestrafung durch Schläge ist nie gerechtfertigt! Schläge beinhalten die Botschaft, daß es durchaus richtig ist, agressiv zu sein und jemanden zu schlagen, wenn einem etwas nicht paßt.

Bedenken Sie auch, daß Bestrafung kein Erziehungsmittel ist, sondern ein Zeichen dafür, daß die Erziehung nicht erfolgreich war. Sollte Bestrafung wirklich einmal angebracht erscheinen, darf sie das Kind unter keinen Umständen demütigen, und der ganze Vorfall muß mit der Bestrafung vergessen sein.

Generell gilt der Grundsatz, daß eine Verhaltensweise, die einem nicht gefällt, am besten durch das Bestärken und Vorleben einer positiven Alternative verändert wird.

Häufige Fragen zum Thema Spracherwerb

Können Probleme mit Hals, Nase oder Ohren die Sprachentwicklung beeinflussen?

Probleme mit Hals, Nase oder Ohren (HNO) treten im Kindesalter häufig auf und werden wiederholt zu leichteren Erkrankungen führen, häufige Arztbesuche bedingen und sogar Krankenhausaufenthalte nach sich ziehen.

Wiederholte Anfälle von Heuschnupfen, Entzündungen der Atemwege, Stirnhöhlen- und Mandel- sowie Mittelohrentzündungen können der Grund für eine Verzögerung der gesamten Entwicklung und eine Einschränkung der Wahrnehmungsfähigkeit sein. Kinder, die häufig im HNO-Bereich erkranken, leiden meist auch unter Appetitlosigkeit, was eine Einschränkung des körperlichen Wachstums zur Folge haben kann. Manchmal machen Kinder den Eindruck, als seien sie ständig müde, ja sogar teilnahmslos, und das hat Einfluß auf das Tempo ihrer geistigen Entwicklung.

Ein Kind, das krank ist, hat vielleicht nicht genügend Energie, um viel zu sprechen. Ein verständnisvoller Erwachsener wird seinem Kind ein eher passives Verhalten zugestehen, das ihm erlaubt, seine Bedürfnisse zu befriedigen, ohne viel sprechen zu müssen. So kann man dem Kind jedesmal, wenn es schreit, sofort etwas zu trinken geben, ohne daß es explizit darum bitten darum bitten muß.

Viele Kinder leiden an Infektionen der oberen Atemwege, ohne über Schmerzen zu klagen. Es kann sein, daß eine solche Erkrankung während der Zeit im Kindergarten nicht erkannt wird, daß aber zum Beispiel infolge eines Mittelohrkatarrhs die Hörfähigkeit des Kindes starken Schwankungen unterworfen ist. Häufig erkranken Kinder gerade in kritischen Entwicklungsabschnitten, und Komplikationen beeinträchtigen dann womöglich das Sprechen und die Sprachentwicklung. Schon aus diesem Grund kann man nicht häufig genug betonen, wie wichtig es ist, die Vorsorgeuntersuchungen, die auch einen Hörtest beinhalten, regelmäßig durchführen zu lassen.

Das Gehör eines Säuglings entwickelt sich in den letzten Monaten der Schwangerschaft und ist zum Zeitpunkt der Geburt voll ausgebildet. Mit etwa sechs Monaten dreht ein Säugling seinen Kopf, um ein Geräusch zu lokalisieren. Mit ungefähr 12 Monaten beginnt er, die ersten Wörter zu sprechen, ein sicheres Anzeichen dafür, daß sein Gehör intakt ist, und davon hängt schließlich ab, ob die Sprachentwicklung des Kindes normal verlaufen kann.

Infolge von Erkrankungen im Hals-, Nasen- und Ohrenbereich wird das Gehör oftmals beeinträchtigt. Sie sollten beim geringsten Verdacht auf eine Hörstörung mit Ihrem Kind zum Arzt gehen. Bei einer ersten Untersuchung wird sich zeigen, ob weitere Tests notwendig sind.

Unterscheiden Sie genau zwischen Hören und Zuhören. Kleinkinder können sehr eigensinnig sein und sich in bestimmten Situationen weigern zuzuhören. Beobachten Sie, wann Ihr Kind schlecht hört. Vielleicht reagiert es nicht, wenn es aufräumen soll, springt aber sofort auf, wenn Sie mit der Bonbontüte rascheln. Ein Hörfehler ist dann mit Sicherheit auszuschließen – es handelt sich vielmehr um einen klaren Fall selektiven Hörens!

Schnuller nuckeln, Daumen lutschen, an der Flasche saugen – was hat das zur Folge?

Saugen oder Lutschen hat eine grundlegende physiologische Funktion für die Koordination der Atmungsvorgänge

und des Sprechens. Saugen unterstützt die Entwicklung des Tastsinnes,
des Sehens und des Wachstums der
Zähne und der Kiefer- und Gesichts-
muskeln. Die meisten Kinder lassen
sich im Moment, da sie saugen – sei
dies an der Brust, an der Flasche oder
am Schnuller – beruhigen.

Saugen macht Spaß und stellt das
Baby zufrieden. Selbst wenn einiges
gegen den Gebrauch von Schnullern
spricht, werden Sie sich, wenn Ihr
Kind quengelt, gerne für einen Schnuller entscheiden, an dem es zufrieden saugt.

Saugen hat eine grund-
legende physiologische
Funktion.

Saugen macht Spaß
und stellt das Kleinkind
zufrieden.

Setzen Sie den Schnul-
ler nicht regelmäßig
ein, um Ihrem Kind den
Mund zu „stopfen"
und es ruhigzustellen.

Sie sollten den Schnuller allerdings nicht regelmäßig einsetzen, um Ihrem Baby den Mund zu verschließen und es
auf diese Weise ruhig zu halten. Der permanente Gebrauch
des Schnullers kann dazu führen, daß ein Kind vollkommen
passiv wird und nur noch dann zufrieden ist, wenn es etwas
im Mund hat.

Ein regelmäßiger Gebrauch kann dazu führen, daß Ihr
Kind mundfaul wird und wenig Neigung zeigt zu sprechen.
Es ist bequemer, nichts zu sagen und auf eine Tasse zu deuten, als den Schnuller aus dem Mund zu nehmen und zu
sagen: „Bitte trinken!"

Wenn Ihr Kind mit dem Schnuller im Mund zu sprechen
versucht, dann weisen Sie es darauf hin, daß Sie gerne etwas
von dem verstehen würden, was es sagt, und daß das Sprechen viel leichter geht, wenn es den Schnuller aus dem
Mund nimmt.

Daumenlutschen muß in diesem Zusammenhang natür-
lich auch erwähnt werden, und viel von dem, was über den
Schnuller gesagt wurde, gilt auch für das Daumenlutschen.
Intensives Daumenlutschen kann die Entwicklung der Zäh-

ne beeinträchtigen. Außerdem zwingt es die Zunge in eine vorgeschobene Position, und das kann dazu führen, daß in ungewöhnlicher Weise Silben verschluckt werden, daß die Zunge beim Sprechen anstößt und Ihr Kind lispelt.

Sie fragen sich vielleicht, wann der richtige Zeitpunkt ist, dem Kind den Schnuller wegzunehmen. Lassen Sie sich vom Verhalten Ihres Kindes leiten – wenn Sie merken, daß es den Schnuller nur noch aus Gewohnheit benutzt, sollten Sie ihn wegnehmen und abwarten. Wenn ein Baby anfängt, den Schnuller auszuspucken, oder wenn es die Zunge nach vorne schiebt, während es saugt, ist ebenfalls der Zeitpunkt gekommen, den Schnuller „abzuschaffen".

Wenn Sie dann den Schnuller verlieren, sollten Sie ihn einfach nicht mehr ersetzen. Dabei wissen wir natürlich alle, daß das einfacher gesagt als getan ist. Statt es zu einer Konfrontation kommen zu lassen, empfiehlt es sich, dem Kind zu erklären, daß Sie den Schnuller dummerweise verloren haben und Sie ihn nun gemeinsam suchen müssen. Vergewissern Sie sich aber zuvor, daß Sie alle Schnuller entfernt haben, damit sie dann nicht tatsächlich einen finden. Setzen Sie das Sprachverständnis Ihres Kindes ein: „Die dumme Mami hat alle Schnuller verloren! Was möchtest du statt dessen mit ins Bett nehmen? Den Teddy?"

Wenn Ihr Kind ungefähr zwei Jahre alt ist, können Sie versuchen, den Schnuller abzusetzen. Nachdem der letzte Schnuller „verlorengegangen" ist, wird Ihr Kind vielleicht auch einsehen, daß in keinem Laden fur Kinder über zwei Schnuller verkauft werden.

Auch das Daumenlutschen läßt sich Ihr Kind ausreden, wenn Sie darauf hinweisen, daß es dafür viel zu groß ist. Das funktioniert vor allem, wenn noch ein kleineres Kind im Haus ist und das ältere akzeptiert, daß nur Babys einen Schnuller haben oder am Daumen lutschen. Sprechen Sie über diesen „dummen Daumen" (nicht über das „dumme

Kind"). Lassen Sie Ihr Kind den strengen Lehrer spielen, der dem Daumen verbietet, in den Mund zu „gehen".

Loben Sie es, sagen Sie ihm, daß es ein guter Lehrer ist, wenn Sie es ohne Daumen im Mund sehen.

Es gibt viele Techniken, Daumenlutschen abzuschaffen. In jedem Fall sollten Sie versuchen, positiv an die Sache heranzugehen und niemals dem Kind das Gefühl zu geben, daß es nichts taugt, wenn es am Daumen lutscht.

Ein Kind mit der Flasche zu ernähren ist, so heißt es, genauso gut, wie ihm die Brust zu geben, wenn die Form des Saugers stimmt und dessen Löcher so eng sind, daß der Säugling kräftig saugen muß, damit Milch heraus kommt. Sie dürfen auf keinen Fall so weit sein, daß ihm die Milch einfach in den Mund läuft. Ein fester Sauger zwingt das Baby, seine Kiefer ganz eng aufeinander zu pressen und bei geöffneten Lippen durch die Nase zu atmen.

Ernährt man das Kind zu lange mit der Flasche, so wird auf Dauer die obere Zahnreihe nach vorne gedrückt, und das Kind gewöhnt sich womöglich an, mit der Zunge anzustoßen. Sprachprobleme sind die Folge. Deshalb ist es ratsam, im Alter von 12 Monaten das Kind immer mehr aus der Tasse trinken zu lassen.

Untersuchungen haben ergeben, daß Karies bei Kleinkindern auf zuckerhaltige Getränke aus der Flasche zurückzuführen ist. Viele Eltern setzen die Flasche ein, um ihr Kind zu beruhigen, es abzulenken, es endlich zum Schlafen zu bringen oder es einfach zu beschäftigen. Ähnlich wie beim

Die dumme Mami hat den Schnuller verloren!

Wenn Sie wollen, daß Ihr Kind aufhört, einen Schnuller zu benutzen, dann ersetzen Sie einen einmal verlorenen Schnuller nicht mehr. Versuchen Sie zu erklären, daß Sie ihn verlegt haben und suchen Sie mit Ihrem Kind überall danach. Vergewissern Sie sich aber vorher, daß Sie alle weggeworfen haben und daß wirklich keiner mehr zu finden ist.

Daumenlutschen und den Gebrauch eines Schnullers kann man unterbinden, indem man dem Kind klar macht, daß es schon zu alt zum Nuckeln ist. Das funktioniert vor allem, wenn kleinere Kinder im Hause sind, mit denen das ältere nicht auf eine Stufe gestellt werden möchte.

„Kannst du dem Daumen mal zeigen, wer der Herr im Haus ist, und ihm sagen, daß er nicht immer in deinen Mund gehen soll?"

Umgang mit einem Schnuller lernt das Kind fälschlicherweise, daß es seine Bedürfnisse durch Saugen befriedigen kann.

Das Anstoßen mit der Zunge geht manchmal mit Lispeln einher. Auch Zahnärzte machen sich Sorgen, wenn sich durch den ständigen Druck der Zunge gegen die Zähne die Zahnstellung oder gar die Form des Kiefers verändert. Beides muß später kieferorthopädisch behan- delt werden. Ein Logopäde kann Ihrem Kind helfen, die Stellung der Zunge zu korrigieren.

Was für Folgen hat es, wenn ein Kind mit der Zunge anstößt? Und warum ist das schlecht für die Zähne?

Wenn wir schlucken, pressen wir die Zunge an den Oberkiefer, ohne durch den Stand der Backenzähne beeinträchtigt zu werden. Die Zunge stößt kurz gegen die Schneidezähne oder sogar zwischen den Schneidezähnen hindurch und zieht sich dann wieder zuruck.

Fast alle Babys verwenden diesen Zungenstoß besonders intensiv beim Saugen und in der Folge immer beim Schlucken, was sich aber normalisiert, wenn sie anfangen, aus der Tasse zu trinken. Einige behalten diese Schlucktechnik bei:

- weil sie am Daumen oder Schnuller lutschen,

- weil ihre Mandeln vergrößert sind,
- weil sie Polypen haben,
- weil sie unter Allergien und verstopfter Nase leiden,
- weil sie einen hohen, schmalen Gaumen haben,
- weil sie nur unzureichend ihre Muskeln koordinieren können.

Ist Sabbern ein Problem?

Sabbern gehört, besonders zwischen dem vierten und dem sechsten Monat, wenn der Säugling von flüssiger auf festere Nahrung umgestellt wird, zu einer normalen Entwicklung dazu. Extremes Sabbern kann ein Zeichen dafür sein, daß das Kind Zähne bekommt, daß es unter Mundschwamm (Soor) oder einer Infektion leidet.

Sabbern kann auch auftreten, wenn das Kind in eine neue Phase der Motorik eintritt; und später, zwischen dem 15. und 24. Monat, sabbern Kinder manchmal, wenn sie sich beim Spielen oder Malen besonders konzentrieren.

Bei manchen Kindern bleibt das Sabbern ein Problem und tritt in Verbindung mit Anomalien im Mund- und Rachenraum auf. Es versteht sich von selbst, daß eine Kontrolle der Zunge, der Lippen und des Kiefers unumgänglich ist, um eine normale Sprachentwicklung zu sichern. Manche Kinder sind im Bereich des Mundes sehr empfindlich, sie beherrschen die Mundmuskulatur nicht, sabbern, atmen durch den Mund, essen nichts Festes und sind insgesamt sehr heikel.

Um den Kleinkindern zu helfen, ihre Zunge und ihre Lippen besser zu koordinieren, können schon im frühen Alter eine ganze Reihe von Übungen angewandt werden. Sie können mit Ihrem Kind Federn über den Tisch pusten, Seifenblasen machen, Kerzen ausblasen, durch Strohhalme pusten und das Kind damit trinken lassen. Alle diese Tätigkeiten ermöglichen dem Kind eine größere Beherrschung des

Mundbereiches und stärken die Muskulatur. Sollten Sie sich unsicher sein, suchenSie am besten einen Logopäden auf.

Was wirkt sich ein Krankenhausaufenthalt auf die Sprachentwicklung meines Kindes aus?

Für einige Kinder kann der Krankenhausaufenthalt eine wichtige Phase in der sozialen und emotionalen Entwicklung bedeuten. Ein Krankenhausaufenthalt ist für manche Kleinkinder auch traumatisierend, und deshalb muß jedes Kind sehr gut auf einen solchen Aufenthalt vorbereitet werden. Wenn Ihr Kind ins Krankenhaus kommt, sind viele Faktoren zu berücksichtigen – Schmerzen, eine fremde, häufig eher ungemütliche Umgebung, die Trennung von den Eltern, Einsamkeit, Langeweile, Angst und die Ängste der Eltern, die ein Kind unwillkürlich spürt.

Wenn Ihr Kind wieder zuhause ist und in eine frühere Entwicklungsstufe zurückfällt (es lutscht erneut am Daumen, verlangt nach einem Schnuller oder wird zum Bettnässer), dann kann man davon ausgehen, daß der Krankenhausaufenthalt traumatisch war.

Ein längerer Aufenthalt reduziert vor allem den Umgang mit Gleichaltrigen und bietet wenig Anregung und Gelegenheit zum Sprechen. Es kann passieren, daß ein Krankenhausaufenthalt in einer wichtigen Phase der Sprachentwicklung notwendig wird und eine Verzögerung bedingt. Wenn ein Kind im Alter von 12 bis 14 Monaten gerade angefangen hat, die ersten Wörter zu sprechen, und dann ins Krankenhaus muß, kann es durchaus sein, daß es zu sprechen aufhört.

Die Sprachentwicklung wird auch von anderen traumatischen Erlebnissen beeinflußt, wenn eines der beiden Elternteile die Familie verläßt oder ein Geschwisterchen hinzu-

kommt, aber die Erlebnisse können bearbeitet und womöglich in einer Therapie bewältigt werden.

Ist die Zunge meines Kindes beeinträchtigt?

Manchmal ist das Zungenbändchen, mit dem die Zunge am Boden der Mundhöhle angewachsen ist, zu kurz und damit die Bewegungsfreiheit der Zunge eingeschränkt. In schwereren Fällen können Laute nicht klar gesprochen werden, und das Wachstum der Zähne wird sogar beeinträchtigt.

In den seltensten Fällen ist allerdings ein chirurgischer Eingriff nötig, da Kinder in der Regel lernen, dieses Manko zu kompensieren. Oft wird durch einen Eingriff die Artikulation auch nicht deutlicher.

Arbeiten die Muskeln im Mundbereich richtig?

Manche Kinder können die Muskeln im Mundbreich nur schlecht koordinieren. Sie erkennen das daran,

- daß das Kind den Mund ständig offen hat,
- daß es sabbert, auch wenn es gerade keine Zähne bekommt,
- daß ihm beim Kauen Essen aus dem Mund fällt,
- daß es insgesamt langsam ißt,
- daß ihm beim Kauen Essen in die Nase gerät.

All dies kann die Sprachentwicklung behindern. Wenn in einem Wort Laute verbunden werden müssen, die am hinteren Gaumen und an den Schneidezähnen gebildet werden, wie beispielsweise in dem Wort „Katze", wird einer der beiden Laute ausgelassen oder an einer falschen Stelle gebildet.

Wörter mit mehreren Silben werden abgekürzt oder unverständlich genuschelt.

Logopäden kennen Übungen, mit denen die Genauigkeit und der Einsatz der Sprechmuskulatur korrigiert werden.

Wann wird Lispeln zum Problem?

Es gibt zwei Arten zu lispeln. Einmal – wir kennen das von unserer süßen Dreijährigen – wird die Zunge zwischen dem Unter- und Oberkiefer hindurchgeschoben (wenn sie „süß" sagt). Diese Art von Lispeln verliert sich spätestens im Alter von fünf Jahren. Wenn Lispeln aber über das genannte Alter hinaus anhält und vielleicht sogar den „Biß" beeinträchtigt, dann sollte der Rat eines Sprachpädagogen oder Kieferorthopäden eingeholt werden.

Es kommt vor, daß die Zunge beim „s"-Laut nicht zu sehen ist, daß dieser Laut aber dennoch undeutlich und sozusagen „naß" produziert wird. Fragen Sie einen Spezialisten!

Hört mein Kind schlecht?

Ein gutes Gehör ist Voraussetzung für eine normale Sprachentwicklung. Vorsorgeuntersuchungen im frühen Kindesalter beziehen natürlich auch das Gehör mit ein. Versäumen Sie diese, meist jährlichen, Untersuchungen nicht! Frühes Erkennen eines Gehörschadens ermöglicht in der Regel eine rechtzeitige Behandlung und Heilung. Hinweise auf ein mangelhaftes Gehör sind:

- Ihr Kind reagiert nicht, wenn Sie es ansprechen.
- Es bittet darum, das Gesagte zu wiederholen.
- Es spricht Wörter falsch aus und bringt Laute durcheinander.
- Sein Verhalten ist auffällig.
- Es leidet häufig unter Infektionen der oberen Atemwege.

- Es weigert sich, bewußt zu sprechen.
- Es starrt dem Gesprächspartner auf den Mund.

Stottert mein Kind?

Es kann ein Schock für Eltern sein, wenn ihr Kind eines Tages aufwacht und stottert: „I-i-i-ch möchte was zu t-t-trinken!". In der Regel tritt das Stottern im Alter zwischen zwei und sieben auf. Es gibt Familien, in denen Stottern eine gewisse Tradition hat.

Zahlreiche Wiederholungen, das Hängenbleiben auf bestimmten Konsonanten wie Mmmmmmmmammmmi!" und das Verzerren der Gesichtszüge beim Versuch zu sprechen sind ein deutliches Anzeichen für Stottern. Wenn Ihr Kind stottert, und Sie und Ihr Kind Angst davor haben, dann sollten Sie unbedingt den Rat eines Sprachpädagogen einholen, wenn möglich, bevor Ihr Kind in die Schule kommt. Eine rechtzeitige Therapie im Kindergartenalter ist meist erfolgreich.

Versuchen Sie, ohne Anspannung auf das Stottern zu reagieren und mit Ihrem Kind darüber zu reden. Manchmal ist es notwendig, das Stottern direkt anzusprechen:

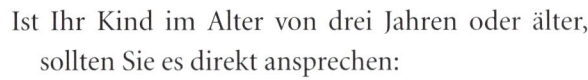

„Komm, sprich ein wenig langsamer. Laß dir Zeit!"

Ist Ihr Kind im Alter von drei Jahren oder älter, sollten Sie es direkt ansprechen:

„Du hast jetzt ein paarmal hintereinander ‚Mami' gesagt. Versuch mal, ob du es nur einmal sagen kannst. ‚Mami, kann ich bitte etwas zu trinken haben?'"

Versuchen Sie, mit Ihrem Kind langsam und im Fluß zu sprechen. Das steht im Gegensatz zu dem Rat, den man früher gegeben hat, nämlich das Stottern völlig zu übersehen und geduldig abzuwarten, bis das Kind zu Ende gesprochen hat. Neuere Untersuchungen zeigen zweifelsfrei, daß Ihr Kind von Ihren Anmerkungen profitiert (die Methode, mit der man dem Stottern Erwachsener begegnet, weicht davon gänzlich ab).

Bei Kindern kann es ganz normal sein, daß sie im Verlauf des Sprechenlernens, wenn sie ganz besonders viel zu erzählen haben, eine Phase durchmachen, in der sie nicht fließend sprechen. Sie erzählen schon wie ein Erwachsener, sind aber innerlich noch nicht ganz so weit, was dazu führt, daß sie einige wenige Wörter wiederholen. Wenn das aber länger als drei Monate anhält, sollten Sie einen Logopäden um Rat fragen.

Was soll ich tun, wenn mein Kind einige Laute nicht richtig aussprechen kann? Ist es nur zu bequem, um deutlich und korrekt zu sprechen?

Es ist sehr unwahrscheinlich, daß Probleme beim Sprechenlernen aus Bequemlichkeit auftreten. Wenn Ihr Kind mit bestimmten Lauten Schwierigkeiten hat, sollten Sie mit ihm einige der in diesem Buch vorgeschlagenen therapeutischen Übungen durchgehen. Wenn das nichts nützt, empfiehlt sich der Besuch eines Logopäden.

Soll ich mit der Behebung von Sprech- und Sprachproblemen bis zum Beginn der Schulzeit warten?

Zum Zeitpunkt der Einschulung sollte Ihr Kind genauso fließend sprechen wie Sie selbst. Die meisten Sprachprobleme können erkannt und beseitigt werden, bevor ein Kind in die Schule kommt.

Zum Zeitpunkt der Einschulung sollte Ihr Kind genauso fließend sprechen wie Sie. Die meisten Sprachprobleme können erkannt und beseitigt werden, bevor das Kind in die Schule kommt.

Gleichgültig, ob Sie sich nur Sorgen darüber machen, daß Ihr Kind Probleme mit der Sprache haben könnte, oder in welchem Alter derartige Probleme auftreten – in jedem Fall ist es besser, der Sache sofort nachzugehen, als sich hinterher Vorwürfe machen zu müssen. Vom Abwarten werden die Probleme meist nur schwerwiegender.

Bedeuten „Sprachprobleme", daß mein Kind insgesamt zurückgeblieben ist?

Es kommt natürlich häufig vor, daß Kinder die eine geistige Behinderung haben, auch eine sehr unklare Artikulation zeigen. Wenn Ihr Kind aber ein ganz spezifisches Sprech- und/oder Sprachproblem hat, bedeutet das noch nicht, daß es in seiner Entwicklung zurückgeblieben ist.

Ein Logopäde kann den Entwicklungsstand Ihres Kindes sehr genau einschätzen und Ihnen alle Aspekte darlegen.

Je eher Ihr Kind seine kommunikativen Fertigkeiten entwickelt, um so geringer ist die Gefahr, daß beim Lesen und Schreiben Schwierigkeiten auftreten.

Welche Gründe können die Sprachprobleme meines Kindes haben?

Den genauen Grund für ein Problem zu finden kann oft schwierig sein. Einige Sprech- und Lernschwierigkeiten sind möglicherweise, genau wie andere Persönlichkeitsmerkmale, vererbt. Dennoch lassen sich Gründe ausmachen, die am häufigsten ein Sprachproblem nach sich ziehen:

Logopäden mit privaten Praxen finden Sie in den Gelben Seiten. Sicher kann Ihnen aber auch Ihr Hausarzt oder der Kinderarzt Adressen nennen.

- **Gehörschaden** – Selbst eine vorübergehende Schädigung des Gehörs kann eine Verzögerung beim Sprechenlernen nach sich ziehen.
- **Verzögerung der Sprachentwicklung** – Vielleicht ist ein Kind auf dem Gebiet der Sprache einfach noch nicht reif, während sonst die Entwicklung aber durchaus normal verläuft.
- **Sprechschwierigkeiten** – Manchmal kann ein Kind mit ganz normalen geistigen Fähigkeiten Schwierigkeiten haben, zu verstehen, was man zu ihm sagt, oder sich selbst auszudrücken.
- **Anomalien des Mund– und Rachenbereiches** – Eine Gaumenspalte zum Beispiel kann ein Kind in seiner Sprachentwicklung erheblich behindern.
- **Schlechte Koordination der Sprechwerkzeuge** – Manche Kinder haben Schwierigkeiten, ihre Mund- und Lippenbewegungen so zu koordinieren, daß sie Sprache produzieren können.

Wir wissen oft nicht, warum manche Kinder Schwierigkeiten haben und andere nicht. Es gibt Kinder, die mit Hilfe ihrer Eltern schnelle Fortschritte machen, während andere über Monate intensive und professionelle Hilfe benötigen. Je früher Sie damit beginnen, desto besser.

Können Computer die Sprachentwicklung meines Kindes unterstützen?

Manche von uns haben eine Scheu vor Computern wegen ihrer augenscheinlichen Komplexität, aber viele Kinder beschäftigen sich bereits in ganz frühem Alter mit Computern, und zwar in durchaus kompetenter Weise.

Computer können einem Kind helfen, Fertigkeiten auf verschiedenen Gebieten gleichzeitig zu entwickeln – das Schauen, Hören, die kontrollierte Betätigung von Händen und Fingern, das abwechselnde Zuhören/Zusehen und Eingeben, all das unterstützt auch das Sprechenlernen und den Spracherwerb. Dennoch sollte die Beschäftigung mit dem Computer immer eine zusätzliche Lernerfahrung zu den herkömmlichen Lernverfahren bieten und niemals ein Ersatz sein.

Es gibt Computersoftware, die zur Entwicklung der Phantasie beiträgt und Ihr Kind schult, Probleme zu lösen. Bestimmte Programme können auch helfen, ein Gefühl für Rhythmus zu entwickeln. Manche Programme intensivieren den Umgang mit sprachlichen Begriffen wie Farben, Zahlen, Gegensätzen, und der Benutzer wird natürlich mit Buchstaben vertraut.

Bedenken Sie, daß Ihr Kind weniger „mit dem Computer" spielt als mit bestimmten Programmen. Deshalb ist die Auswahl der Software von entscheidender Bedeutung. Ähnlich wie beim Spielzeug kommt es bei der Auswahl der Software darauf an, eine ausgewogene Mischung zwischen Lernprogrammen und solchen, die unterhalten, zu finden. Das heutige Marktangebot ist riesig. Nehmen Sie sich also Zeit und lassen Sie sich in einem Softwareladen ausführlich beraten.

Während einige Kinder sehr wenig sprechen, wenn sie mit dem Computer allein sind, geben andere ihren Kommentar zu jeder Bewegung auf dem Bildschirm ab, denken laut, kichern und äußern ihre Gefühle. Wenn mehrere Personen an einem Programm beteiligt sind, spielt das Abwechseln und der verbale Austausch eine große Rolle.

Wenn Sie zu Ihrem PC einen Drucker haben, kann Ihr Vierjähriges schon mit dem Drucken von Wörtern, Sätzen oder ganzen Briefen herumexperimentieren. Diese Briefe kann man illustrieren und sogar als Geburtstagskarten verwenden.

Es ist in den letzten Jahren wiederholt die Vermutung geäußert worden, daß ein zu früher Umgang mit dem Computer die Sprachentwicklung verkümmern läßt. Wenn Ihr Kind nur hin und wieder am Computer sitzt, kann das nicht schaden. Wesentlich ist, daß andere Beschäftigungen nicht zu kurz kommen. Es ist bedenklich, wenn Ihr Kind an einem herrlichen Sonnentag Stunden vor dem Computer verbringt, statt draußen mit anderen zu spielen.

Ist es besser, sich mit dem Computer zu beschäftigen als vor dem Fernseher zu sitzen? Was wir an anderer Stelle über den Umgang mit dem Fernseher gesagt haben, gilt in ähnlicher Weise auch für den Computer. Wichtig ist der aktive Austausch zwischen Ihnen und Ihrem Kind.

Ein entscheidender Unterschied besteht aber doch: Der Bildschirm des Fernsehers sieht zwar so ähnlich aus wie der des Computers, Fernsehen ist aber grundsätzlich passiv, während die Beschäftigung mit dem Computer ein aktives Verhalten erfordert: Das Kind kann bis zu einem gewissen Grad bestimmen, was auf dem Bildschirm zu sehen ist; es drückt die Tasten, wechselt sich mit einem Mitspieler ab, unterhält sich mit ihm und spricht auf diese Weise wahrscheinlich mehr, als wenn
es eine ähnlich
lange Zeit vor
dem Fernse-
her sitzt.

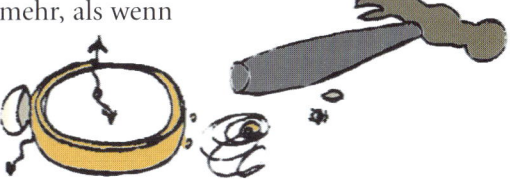

Wie kann ich feststellen, ob mein Kind ein Sprach- oder Sprechproblem hat?

Sie sollten den Rat eines Logopäden einholen, wenn Ihr Kind

- im Alter von achtzehn Monaten noch keine einzelnen Wörter spricht,
- im Alter von zwei Jahren Wörter noch nicht sinngemäß aneinanderfügt,
- im Alter von drei bis dreieinhalb Jahren noch keine einfachen Drei- und Vier-Wort-Sätze bildet,
- unverständliche Sätze bildet,
- im Alter von drei Jahren noch schlecht zu verstehen ist,
- über das angemessene Alter hinaus Artikulationsfehler macht,
- nicht auf Geräusche reagiert,
- offensichtlich nicht zuhört und Hinweise mißversteht,
- näselt oder mit lauter und abgehackter Stimme spricht,
- so zögerlich und mit vielen Wiederholungen spricht, daß ein Gespräch mit ihm anstrengend wird.

Was muß ich tun, wenn ich einen Logopäden benötige?

Für gewöhnlich genügt es, wenn Sie einen Logopäden anrufen und die Details schildern, mit denen Ihr Kind Schwierigkeiten hat. Manchmal brauchen Sie auch eine Überweisung von Ihrem Kinder- oder Hausarzt. Viele Sprachheilpädagogen haben Wartelisten. Aus diesem Grund sollten Sie eine Anmeldung nicht hinauszögern, sondern sich so früh wie möglich um einen Termin bemühen. Absagen kann man immer noch, wenn sich das Problem in der Zwischenzeit gegeben hat.

Logopäden in privater Praxis finden Sie in den Gelben Seiten, besser ist es aber, wenn Sie sich einen Kollegen von

Ihrem Kinder- oder Hausarzt empfehlen lassen. Vielleicht kann Ihnen auch Ihr Kindergarten entsprechende Hinweise geben.

Sie können sich aber auch an die Deutsche Gesellschaft für Sprachheilpädagogik, 12349 Berlin, Leonberger Ring 1, Telefon: 030/605 79 65, oder den Deutschen Bundesverband für Logopädie e.V., 50226 Frechen, Augustinerstr. 9d, Telefon: 02234/69 11 53, wenden.

Checkliste der Entwicklungsphasen

Die Altersangaben vermitteln nur einen groben Überblick. Es kann durchaus sein, daß Ihr Kind nicht alle der aufgeführten Fertigkeiten beherrscht.

Wenn Ihr Kind allerdings mit dem überwiegenden Teil seiner Fertigkeiten hinter den Angaben für seine Altersgruppe zurückbleibt, empfehlen wir Ihnen, einen Logopäden aufzusuchen.

0 bis 3 Monate

Wenn Ihr Kind drei Monate alt ist, kann es

Verstehen

- auf Geräusche reagieren – Lärm jedweder Art kann ihm noch viel Kummer bereiten,
- vertraute Stimmen erkennen,
- jemanden, der es anspricht, anschauen,
- ein klares, einfaches Bild betrachten,
- täglich sich wiederholende Routinetätigkeiten erfassen, wie z.B. Füttern;

Motorik

- saugen und schlucken,
- lange schlafen, ohne gefüttert zu werden,
- sich unverkrampft bewegen,
- kräftig strampeln;

Kommunikation

- schreien, wenn es hungrig ist,

- Gurgellaute und vokalähnliche Laute äußern,
- lächeln;

Soziale Fertigkeiten

- unvorhersehbar reagieren,
- es genießen, wenn man mit ihm schmust und spricht,
- den Kopf heben und herumschauen.

4 bis 6 Monate

Wenn Ihr Kind sechs Monate alt ist, kann es

Verstehen

- seinen Kopf drehen, um die Ursache eines Geräusches auszumachen,
- über laute Geräusche erschrecken,
- reagieren, wenn man seinen Namen ruft,
- Namen oder Bezeichnungen der engsten Familienmitglieder erkennen wie „Mama" und „Papa",
- zwischen einer freundlichen und einer ärgerlichen Stimme differenzieren (und entsprechend reagieren);

Motorik

- seine Hände und Füße betrachten,
- Kopf und Brust mit den Armen abstützen, wenn es auf dem Bauch liegt,
- sich herumdrehen,
- mit oder ohne Unterstützung sitzen,
- etwas in einer der beiden Hände halten,
- sich mit den Füßen vom Boden abstoßen, quasi hüpfen, wenn man es mit beiden Händen hält,
- Gegenstände mit dem Mund untersuchen;

Kommunikation

- als Antwort Laute von sich geben, wenn man es anspricht,
- eine ganze Reihe verschiedener Laute produzieren,
- unterschiedliche Schreie benützen, um unterschiedliche Dinge auszudrücken,
- beim Spielen lachen und kichern,
- seinen Unmut durch Schreien ausdrücken,
- eine Rassel schütteln, um Geräusche zu produzieren;

Soziale Fertigkeiten

- sich mit Freude im Spiegel betrachten,
- gewohnte Tätigkeiten wie Baden wiedererkennen,
- mit Vergnügen „Kuckuck" spielen,
- absichtlich Dinge fallen lassen, damit man sie ihm aufhebt,
- freundlich auf Fremde reagieren.

7 bis 9 Monate

Wenn Ihr Kind neun Monate alt, ist kann es

Verstehen

- die Bedeutung des Wortes „nein!" verstehen,
- Gegenstände erkennen, die man ihm nennt,
- Spaß haben an Gegenständen, die Lärm erzeugen,
- Bilder anschauen, auf die man hinweist;

Motorik

- eine Tasse halten / nach Eßbarem greifen,
- etwas Eßbares ergreifen und hineinbeißen,
- sich zum Stehen hochziehen,
- viel und ausdauernd in Bewegung sein,
- Gegenstände ergreifen und sie in den Mund stecken,
- große Gegenstände nehmen, drücken und herumschieben;

Kommunikation

- Sprechlaute nachahmen,
- eine größere Auswahl an Lauten benützen,
- Gegenstände ergreifen und damit Lärm machen,
- schreien, um die Aufmerksamkeit auf sich zu lenken;

Soziale Fertigkeiten

- eine ständig wachsende Zahl von Spielen wie „Backe, backe Kuchen" beherrschen,
- Unruhe zeigen, wenn eine vertraute Person das Zimmer verläßt,
- „fremdeln", also fremde von vertrauten Gesichtern unterscheiden,
- mit Interesse Gegenstände handhaben,
- nach einem Spielzeug schauen, das aus dem Kinderwagen gefallen ist,
- die Bewegungen anderer Menschen beobachten.

10 bis 12 Monate

Im Alter von zwölf Monaten kann Ihr Kind

Verstehen

- auf seinen Namen reagieren,
- bekannte Geräusche richtig einordnen, so z.B. das Telefon,
- einfache Anweisungen ausführen;

Motorik

- auf einem Stuhl sitzen,
- Gegenstände in kleine Öffnungen stecken,
- von einem Fleck zu einem anderen krabbeln oder gehen
- mit dem Zeigefinger auf Gegenstände deuten, die es haben möchte oder die es interessieren,

- beide Hände gebrauchen, auch wenn es schon eine bevorzugt;

Kommunikation

- durch Kopfnicken etwas bejahen oder durch Kopfschütteln verneinen,
- eine wachsende Anzahl von sprachlichen Äußerungen verwenden und schon den Eindruck erwecken, richtig zu sprechen,
- Tonhöhe und Lautstärke variieren,
- vertraute Personen oder Gegenstände benennen,
- Dinge benennen, die es haben möchte, so z.B. Keks oder Saft;

Soziale Fertigkeiten

- einfache Spiele beherrschen,
- einfache Gesten einsetzen, um jemandem zu winken, oder „Handbussi geben",
- beim Anziehen mithelfen,
- Handlungen wiederholen, um Reaktionen herauszufordern, z.B. Gegenstände absichtlich auf den Boden werfen,
- die Reich- oder Hörweite von Erwachsenen suchen,
- dorthin schauen, wo etwas hingefallen oder -gerollt ist.

13 bis18 Monate

Wenn Ihr Kind 18 Monate alt ist, kann es

Verstehen

- durch Kopfschütteln oder Nicken auf einfache Fragen mit „Ja" oder „Nein" antworten,
- sich im Rhythmus von Musik bewegen,
- Freude an schlichten Reimen und Liedern zeigen,
- zahlreiche Wörter und Aufforderungen verstehen,
- Körperteile benennen und zeigen, zumindest Hände und Füße;

165

Motorik

- gut und unbewußt laufen,
- plötzlich loslaufen und stehenbleiben,
- Spielzeug vom Boden aufheben, ohne umzufallen,
- spontan kritzeln, wenn man ihm einen Farbstift in die Hand gibt,
- zwei oder drei Seiten eines Buches umblättern,
- kleine Gegenstände wie Kügelchen mit Zeigefinger und Daumen auflesen,
- beim Gehen etwas hinter sich herziehen oder vor sich herschieben,
- richtig mit dem Löffel umgehen,
- darauf verzichten, alles in den Mund zu stecken;

Kommunikation

- in allen Tonlagen mit sich selbst plappern,
- einige Wörter richtig anwenden,
- versuchen zu singen,
- auf Gegenstände zeigen, die es haben möchte, und dazu sprechen oder Laute äußern,
- das Wort, das wichtig ist oder das man zuletzt zu ihm gesagt hat, wiederholen,
- von sich aus einfache Tätigkeiten vorschlagen, wie den Boden kehren oder ein Buch in die Hand nehmen und darin lesen;

Soziale Fertigkeiten

- energisch seine Umgebung erkunden,
- sich erinnern, wo Gegenstände hingehören,
- zufrieden alleine spielen, aber immer noch möglichst in der Nähe der Erwachsenen,
- gefühlsmäßig immer noch abhängig von der Gegenwart eines vertrauten Erwachsenen sein,
- hin- und herschwanken zwischen sich anschmiegen und Nähe abwehren,
- ein und dieselbe Tätigkeit endlos wiederholen.

2 Jahre

Wenn Ihr Kind zwei Jahre alt ist, kann es

Verstehen

- fünf Körperteile benennen,
- einer kurzen Geschichte zuhören,
- Laute den entsprechenden Tieren zuordnen,
- Bilder wiedererkennen und sie benennen;

Motorik

- einen Ball werfen,
- große Holzperlen auffädeln,
- schnell laufen,
- jeweils eine Seite umblättern,
- versuchen zu springen,
- feste Speisen richtig kauen,
- versuchen, auf einem Bein zu stehen,
- Türklinken herunterdrücken;

Kommunikation

- seinen eigenen Namen anwenden,
- Zwei-Wort-Sätze sprechen, wie z.B. „mehr Milch",
- Wörter verwenden, mit denen ausgedrückt wird, was Menschen oder Dinge tun,
- Wörter verwenden, die etwas über Menschen oder Dinge aussagen,
- einige Wörter zu Melodien singen,
- die meisten, aber noch nicht alle Laute richtig aussprechen,
- 50 oder mehr Wörter richtig gebrauchen,
- beim Spielen fortwährend sprechen,
- nach den Bezeichnungen aller Gegenstände fragen;

Soziale Fertigkeiten

- Gefühle zeigen,
- schnell frustriert sein,
- versuchen, andere zu trösten,
- den Eltern durch die Wohnung folgen und einfache Haushaltstätigkeiten nachahmen,
- ständig die Aufmerksamkeit von Papa und Mama auf sich ziehen,
- quengeln, wenn es etwas nicht zustande bringt,
- immer noch nur schwer teilen,
- in der Nähe von anderen Kindern spielen, aber noch nicht mit ihnen.

2 1/2 Jahre

Wenn Ihr Kind zweieinhalb Jahre alt ist, kann es

Verstehen

- Freude haben an Geschichten, die es kennt,
- aus fünf Gegenständen den auswählen, nach dem man fragt,
- komplexe Sätze verstehen;

Mototrik

- auf zwei Beinen springen,
- auf einem Dreirad sitzen und sich mit den Füßen abstoßen,
- einen Turm aus sieben Klötzen bauen,
- geschickt mit Löffel und Gabel essen,
- alleine die Treppe hinaufgehen,
- einen großen Ball kicken,
- Spielzeug geschickt vor sich herschieben oder hinter sich nachziehen,

Kommunikation

- seinen ganzen Namen richtig aussprechen,
- beim Spiel verständlich mit sich selbst über Dinge sprechen, die gerade passieren,
- über 200 Wörter richtig anwenden
- ständig „Was?" und „Warum?" fragen,
- persönliche Fürwörter wie „ich", „mich", „mir" und „wir" richtig anwenden,
- einfache Grammatik korrekt anwenden, auch wenn noch Formulierungen wie „ich bin gegeht" vorkommen,
- in seinem Drang zu sprechen noch über Laute, Silben und Worte stolpern (als ob es stottern würde);

Soziale Fertigkeiten

- häufig hyperaktiv und ruhelos sein,
- ausdauernd spielen, die häusliche Wirklichkeit nachstellen, die Puppen zu Bett bringen,
- andere Kinder beim Spielen beobachten und sich für einige Zeit beteiligen,
- noch immer nur mit Unwillen Spielsachen oder die Aufmerksamkeit von Erwachsenen mit anderen Kindern teilen.

3 Jahre

Wenn Ihr Kind das Alter von drei Jahren erreicht hat, kann es

Verstehen

- aufmerksam neuen Geschichten zuhören,
- das meiste, was man zu ihm sagt, verstehen,
- Gegenstände je nach Nutzwert unterscheiden: „Womit essen wir?",
- zwischen verschiedenen Gegenständen auswählen,
- zwischen Vergangenheit und Gegenwart unterscheiden,
- mehrere Kinderlieder singen;

Motorik

- auf Spielplätzen Klettergeräte hochklettern,
- beim Laufen Hindernissen und Ecken ausweichen,
- für einige Zeit auf einem Bein stehen,
- auf Zehenspitzen gehen,
- einen Kreis malen,
- mit einer Schere schneiden;

Kommunikation

- insgesamt umgänglicher sein,
- Spiele lieben, bei denen es Personen oder Gegenstände nach- ahmt,
- sich sowohl im Haus wie im Freien in eine Spielgemeinschaft einordnen,
- einsehen, daß man teilen muß, auch wenn das noch manchmal schwer fällt,
- kleineren Kindern seine Zuneigung zeigen,
- einfache Bilder einander zuordnen.

4 Jahre

Wenn Ihr Kind vier Jahre alt ist, kann es

Verstehen

- die Herkunft eines Geräusches lokalisieren,
- mehrere Farben erkennen und benennen,
- verschiedene Gegenstände nach Gruppen ordnen,
- einige Gegensätze verstehen,
- Vergangenheit, Gegenwart und Zukunft auseinanderhalten;

Motorik

- Leitern und Bäume hochklettern,
- hervorragend Dreirad fahren,

- ein Puzzle mit bis zu zehn Steinen zusammensetzen,
- einen Deckel auf ein Glas schrauben,
- mit Bauklötzen einfache Sachen bauen,
- mit Kugeln oder Klötzen einfache Muster nachbauen,
- einfache Bilder von Menschen zeichnen (Kopffüßler),
- auf einem Bein hüpfen,
- sich selbst an- und ausziehen, mit Ausnahme von Bändern binden und Knöpfe auf dem Rücken öffnen oder schließen,

Kommunikation

- in einer Art und Weise sprechen, die man vollkommen versteht, vielleicht noch mit dem ein oder anderen Ersatz für einen schwierigen Laut,
- zusammenhängend über kürzlich erlebte Ereignisse oder Erfahrungen berichten,
- immer noch ständig „Was?" und „Warum?" fragen,
- nach der Bedeutung von Wörtern fragen,
- langen Geschichten zuhören oder selbat welche erzählen, wobei manchmal Phantasie und Wirklichkeit durcheinandergehen;

Soziale Fertigkeiten

- für kurze Zeit an Gruppenaktivitäten teilnehmen,
- sich beim Spielen mit Freunden unterhalten,
- ein weitgehend selbstbestimmtes Verhalten an den Tag legen,
- schon ganz schön frech, aber auch voller Zuneigung sein und gelegentlich nachgeben,
- andere Kinder in ein Spiel mit einbeziehen und dabei abwechselnd kooperativ und aggressiv gegen seine Spielkameraden wie gegen Erwachsene sein,
- im Spiel mit anderen abwechseln,
- sich mit kleineren Kindern abgeben und Mitgefühl zeigen, wenn Spielkameraden Kummer haben.

5 Jahre

Wenn Ihr Kind fünf Jahre alt ist, kann es

Verstehen

- die Uhrzeit und tägliche Abläufe in einen Zusammenhang bringen,
- das meiste, was es hört, verstehen,
- rechts und links unterscheiden,
- einen Witz verstehen;

Motorik

- leicht auf Zehenspitzen laufen,
- abwechselnd von einem Bein aufs andere hüpfen,
- einige Buchstaben schreiben,
- eindeutig erkennbare Männchen zeichnen,
- geschickt klettern, rutschen und schaukeln,
- mit Messer und Gabel essen;

Kommunikation

- in ganzen Sätzen sprechen,
- fließend und grammatikalisch korrekt sprechen,
- normale Laute artikulieren (kleinere Abweichungen bei verschiedenen Lauten wie s, f, r, l sind kein Beinbruch),
- durch den richtigen Gebrauch zeigen, daß es Wortklassen unterscheidet,
- nach der Bedeutung von abstrakten Wörtern fragen;

Soziale Fertigkeiten

- sich allgemein vernünftiger, kontrollierter, verantwortungsbewußter und unabhängiger benehmen,
- kompliziertere Spiele wie „Himmel und Hölle" spielen,
- selbst Freundschaften knüpfen,
- mit Spielkameraden kooperativ umgehen und den Sinn von Regeln und Fairneß erkennen,

- beschützend gegenüber anderen Kindern auftreten,
- ein Spiel unterbrechen und am nächsten Tag fortführen.

Literaturhinweise

Im folgenden finden Sie Bücher aufgeführt, die uns gefallen haben und die Ihnen helfen können, Ihr Kind beim Spracherwerb zu unterstützen: Bücher, die auch den Kindern über einen langen Zeitraum hinweg Freude bereiten. Diese Liste kann selbstverständlich nicht vollständig sein.

Eine Reihe von Verlagen haben sich auf Kinderbücher spezialisiert und veröffentlichen laufend neue Titel. Auch der Beust Verlag wird sich auf diesem Feld weiterhin engagieren. Einige der hier aufgeführten Titel können auch bereits vergriffen sein, wenn Sie in Ihrer Buchhandlung danach fragen: Lassen Sie sich über Alternativen beraten.

Allererste Bilderbücher (ohne Text)

Hans Spanner, Die Bademaus, Ravensburger

Hans Spanner, Mein kleiner Zoo, Ravensburger

Hans Spanner, Ich bin der kleine Hund, Ravensburger

Hans Spanner, Ich bin die kleine Katze, Ravensburger

Erste Bilderbücher (mit einfachem Text)

Eric Carle, Die kleine Raupe Nimmersatt, Gerstenberg
Mit diesem herrlich einfachen Kinderbuch können Kinder u.a. die Wochentage lernen.

Wolfgang de Haen, Zähl mal, Ravensburger
Zahlen von eins bis zehn rund um den Bauernhof.

Lucy Cousins, Die Arche Noah, Sauerländer
Leuchtende, fröhliche Farben, unübertroffen kunstvoll illustriert, erstaunlich klarer Text.

Frank Asch, Der kleine Mondbär, Herder
Einfache Zeichnungen, einfacher Text mit großem Einfühlungsvermögen in das kindliche Denken.

David McKee, Elmars Freunde, Thienemann
Die Freundlichkeit, Wärme und Originalität des Elefanten Elmar machen ihn zum Liebling auch der Allerkleinsten.

Anna-Clara Tidholm, Warum?, Hanser
Auf die vielen Fragen der Kinder gibt die Autorin in Bild und Text einfache, aber höchst vergnügliche Antworten.

Minarik/Sendak, Ein Kuß für den kleinen Bären, Sauerländer
Eine hinreißende Geschichte darüber, wie der Kuß von Oma Bär zu ihrem kleinen Enkel wandert.

Dieter Schubert, Murkel ist wieder da, Sauerländer
Ein Kind verliert sein Kuscheltier. Wie es wiedergefunden wird, wird mit einfachsten Texten und schönen Bildern erzählt.

Janosch, Oh, wie schön ist Panama, Beltz & Gelberg
Es gibt wenige Autoren, die ähnlich packend ihre Geschichten erzählen.

Janosch, Ich mach dich gesund, sagte der Bär, Diogenes
Ein wunderschönes Buch nicht nur für kranke Kinder.

Maurice Sendak, Wo die wilden Kerle wohnen, Diogenes
Dieses Buch zeigt in sehr phantasievoller Weise, wie Kinder und Eltern nach einer Auseinandersetzung wieder in Zuneigung zusammenfinden.

Gabrielle Vincent, Mimi und Brumm verlieren Simon, Sauerländer

Helme Heine, Samstag im Paradies, Middelhauve
Eine sehr kindgemäße Erzählung über die Erschaffung der Welt.

Helme Heine, Freunde, Middelhauve

Helme Heine, Die Abenteurer, Diogenes
Von den Abenteuern dreier Freunde, die durchaus nicht immer harmonieren, können Kinder nicht genug bekommen.

Ron Brooks/Jenny Wagner, Oskar und die Mitternachtskatze
Das Thema Eifersucht wird hier in intuitiv verständlicher Weise mit einfachsten Texten abgehandelt. Hervorragend illustriert.

Annegert Fuchshuber/Beatrice Schenk de Regniers, Ich habe einen Freund, Ravensburger
Jedes Kind wünscht sich, so viele Freunde zu haben - und sie auch mitbringen zu dürfen.

Russel Hoban/Garth Williams, Fränzi geht schlafen, Sauerländer
Ein hinreißende Geschichte für Kinder, die Probleme mit dem Einschlafen haben.

Reinhard Michl/Tilde Michels, Es klopft bei Wanja in der Nacht, Sauerländer

Jill Murphy, Keine Ruh für Vater Bär, Annette Betz
Hier kann man u.a. gemeinsam viele Geräusche nachahmen. Ein großer Spaß für Kinder.

G. Ruck-Pauquèt/E. Dietzsch-Capelle, Murmelbär, Annette Betz

Liederbuch

Johannes Grüger, Die große bunte Liederfibel, Schwann
Sehr originelle Darstellung der Noten, hübsche Illustrationen; für viele schöne Stunden zum gemeinsamen Singen.

Anspruchsvollere Geschichten

Gudrun Mebs, Oma, schreit der Frieder, Sauerländer

Frank Rupprecht, Jakobs Traum, Thienemann

Annegert Fuchshuber, Riesengeschichte/Mausemärchen, Thienemann
Sowohl im ängstlichen Riesen wie in der mutigen Maus können sich Kinder wiederfinden – wie die beiden Kinder in diesem herrlich illustrierten Buch.

Luis Murschetz, Der Maulwurf Grabowski, Diogenes
Schon heute ein Klassiker der Kinderliteratur.

Michael Ende/Annegert Fuchshuber, Das Traumfresserchen, Thienemann
Ein wunderschönes Märchen für Kinder, die Angst vor dem Einschlafen haben.

Ingrid u. Dieter Schubert, Sieben freche Nachtgespenster, Artemis
Ein großer Trost für Kinder, die unter angeberischen Rabauken leiden.

Roy Gerrard/Tilde Michels, Sir Conrad – eine Ritterballade, Eller-mann
Nicht nur die Abenteuer des Ritters Conrad, auch die flüssigen, leicht eingängigen Reime von Tilde Michels begeistern die Kinder. Viele der Reime behalten Kinder schnell.

Irina Koschunow/Reinhard Michl, Der Findefuchs, Thienemann

August Kopisch/Antje Vogel, Die Heinzelmännchen von Köln, Cop-penrath

Bücher nicht nur für Kinder

Das große Märchenbuch, Märchen aus ganz Europa, Bilder: Tatjana Hauptmann, Diogenes
Diese wunderschön aufgemachte Sammlung europäischer Märchen ist ein Hausbuch für die ganze Familie.

Sergej Prokoffief/Cornelia Seidlein, Peter und der Wolf, Coppen-rath
Herrlich illustriert, zusammen mit der beiliegenden Platte eine Freude für die ganze Familie. Kinder lernen auf den Klang der unterschiedlichen Instrumente zu hören.

Janosch, Das große Buch der Kinderreime, Diogenes

Zum Lesenlernen

Ute Andresen/Monika Popp, ABC und alles auf der Welt, Ravens-burger
*Mein allerschönstes Buchstabenbilderbuch, Richard Scarry, Delphin
Erwachsene finden dieses Buch in der Regel nicht besonders schön, die meisten Kinder sind aber davon begeistert.*

Janosch, Wie der Tiger lesen lernt, Mosaik
Wie alle Bücher von Janosch ein großes Vergnügen, auch für den Vorlesenden.

Register

Ablenken 138f.
Alltägliche Tätigkeiten 22
Altersgruppen 161
Antworten 81
Artikulation 24
Artikulationsschwierigkeiten
    55f.
Arztbesuche 141
Aufmerksamkeit 126, 136,
    137
Ausbildung 15
Ausdruck 25
Ausdrucksmittel 50
Aussprache 55f.
Auszeit 138f.
Autofahrten 86, 104

Brabbeln 28–32
Babys 21
Bauklötze 74
Bedürfnisse 28
Beherrschung des
    Mundbereiches 148
Berufschancen 15
Bettnässer 148
Bewegung 71
Bewegungsspiele 76
Bilderbücher 32
Blickkontakt 42
Briefe 104
Briefkastenspiel 102f.
Buchstaben 102, 104
Buchstabenkegel 104
Bücher 90–100

Computer 156f.

Daumenlutschen 143–146

Denkfähigkeit 95
Disziplin 125
Drauflosreden 22
Drillinge 121

Einfache Erklärungen 138
Einkaufen 78
Einschulung 154
Entdeckungen 69
Entdeckergeist 16
Erste Lesebücher 99
Erwartungen 134

Farben 53, 86, 91
Fernsehen 106–113
Fingerspiele 84
Fremdsprachen 21, 115
Frustration 136

Geborgenheit 125
Geburt 21, 125
Gedichte 86
Gedächtnis 49
Gefahrensituation 134
Gefühle 16, 28, 130, 132
Gehör 151
Gehörschaden 155
Genie 11
Geräusche 82
Geräuschlokalisierung 142
Geschichten (zusammen
    lesen) 64, 86, 97f.
Geschwister 23
Gesellschaftsspiele 72
Gesten 24, 30
Großeltern 119
Grundmuster einer
    Handlung 127
Größenvergleiche 53

Hals, Nase oder Ohren 141f.
Haushaltsarbeiten 47, 78
Hintergrundgeräusche 23
Hören 81
Hörfähigkeit 141

Ich sehe was, was
    du nicht siehst 104
Infektionen der oberen Atem-
    wege 141
Intonation 25, 26, 44

Karies 145
Kassettenrekorder 86
Kinderbücher 91
Kinderreime 46, 92
Klebebücher 92, 104
Kommunikation 24
Kommunikationsmuster 17
Kommunikative Fertigkeiten
    24
Konsequent sein 131f.
Konsonanten 84, 86
Konstruktive Spiele 71f.
Korrigieren 45
Krankenhausaufenthalt 148
Kreatives Spielen 75–80
Kreativität 107
Kulturerfahrungen 115
Kärtchenspiel 100–102
Körpersprache 25

Laute 30
Lautentwicklung 118
Lautspiele 56, 88–90
Lautsystem 55
Lerneffekt 108
Lernen 81
Lernen durch Nachahmen 70
Lernerfahrungen 30
Lernphasen 21

Lesen 90–105, 112
Lieblingsbücher 92, 93
Lieder 84, 86
Lippen 147
Lippenbewegungen 29
Lispeln 151
Logische, zeitliche
    oder grammatikalische
    Abfolge 26
Lächeln 29

Maßregeln 137
Mehrfachgeburten 121
Mehrlinge 121
Mehrsprachigkeit 115–120
Melodie 85
Menyuk, Dr. Paula 22
„Mir“, „dir“ und „mich“,
    „dich“ 52
Musik 26, 81–90
Muskeln im Mundbreich 150
Muttersprache 119

Nachahmen 34, 98
Namen von Familienmitglie-
    dern 100
Nein 126, 128
Neugeborene 28, 75

Persönlichkeit 130
Persönlichkeitsmerkmale 155
Phantasie 47
Phantasiespiele 72, 80
Phantasiewelt 18
Pluralformen 52
Pluralregeln 24
Präpositionen 53f.
Puzzles 74f.

Reihenfolge 26
Reimspiele 84f., 90
Rhythmus 81–90

Sabbern 147f.
Satzstrukturen 34
Saugen 143
Schläge 139
Schnuller 143–148
Schreien 28
Schule 67
Schwieriges Verhalten
    133–136
Sehen 29
Seifenblasen 75
Selbstgespräche 41
Selbstwertgefühl 132f.
Selektives Hören 142
Singen 81
Soziale Interaktion 30
Soziale Kompetenz 17f.
Soziales Verhalten 72
Sozialverhalten 123
Spiele 56–59, 69, 90, 100
Spielen 67
Spielzeug 74f.
Sprache 24
Sprachentwicklung 23, 27,
    115, 117, 120, 150
Sprachliche Feinabstimmung
    64
Sprachliche Fähigkeiten 72
Sprachprobleme 118–120
Sprechwechsel 30
Stimme 29f.
Stottern 152f.
Strafen 139
Strukturierte Gespräche 22

Tastsinn 143
Tonfolgen 30
Tun 53
Töne 82

Ungezogenes Betragen 134
Unterhaltung 30f.

Verhalten 126, 128
Verhalten steuern 126, 128
Verzögerter Spracherwerb bei
    Zwillingen 122
Videorekorder 108
Vorsorgeuntersuchungen
    142, 151

Wahlmöglichkeit 129
Wörter, beschreibende 54
Wortgruppen 54
Wortschatz 65
Wutanfälle 137

Zahnarzt 145f.
Zischlaute 84
Zuhören 26
Zuneigung entziehen 132
Zunge 146f.
Zungenbändchen 150
Zweiwortsätze 40
Zwillinge 121–123
Zwischenfälle übersehen 137

Weitere KidsWorld-Elternratgeber im Beust Verlag

Jeder, der heute mit Jungen zu tun hat, macht sich Sorgen um sie: Wo man auch hinsieht, geraten sie in Schwierigkeiten. Eltern und Erzieher/innen möchten besser verstehen, was Jungen bewegt und wie man ihnen helfen kann.

In diesem Buch gibt **Steve Biddulph** auf seine unnachahmliche, humorvolle, offene und praktische, von fundiertem Wissen getragene Art Ratschläge, wie Jungen geführt werden können.

240 S., 45 farb. Ill., 40 s/w Fotos, DM/SFr 24,80, ÖS 181,- ISBN 3-89530-019-5

Süddeutscher Rundfunk:

»Der beste Erziehungs-Ratgeber seit langem. Ein wunderbares Buch für ‚Praktiker‘, dem es gelingt, mit ‚Aha‘-Erlebnissen bei der Lektüre wirklich weiter zu helfen.«

Saarländischer Rundfunk:

»Wenn Sie dieses Buch mit seinen gut strukturierten Kapiteln lesen, werden Sie buchstäblich die stützende Hand auf Ihrer Schulter spüren.«

200 S., 77 farbige Ill., Pb., 15 x 23 cm, DM/SFr 24,80, ÖS 181,-
ISBN 3-89530-000-4

Kinder können selbständig ihre Fähigkeiten und ihre Freude am Lernen entdecken. Leicht verständlich und ohne lernspychologischen Kauderwelsch zeigt dieser Ratgeber, wie Kinder ihre Lernhemmungen abbauen und ihre Lust am Lernen steigern können. Ein Buch, das Eltern und Kinder ermuntert, Selbstvertrauen zu wagen: Erfolge können kinderleicht sein.

216 S., 42 s/w Ill., DM/SFr 24,80, ÖS 181,-
ISBN 3-89530-017-9

Familie & Co:
»Über 160 Spielideen, wobei lobenswerterweise die Wohn- und Lebensverhältnisse mitberücksichtigt werden. Viele Tips und witzige Illustrationen gibt's dazu – ein Buch, das nicht nur den lieben Kleinen Beine macht. Bravissimo!«

192 S., 39 Ill., Pb., 15 x 23 cm, DM/SFr 24,80, ÖS 181,- ISBN 3-89530-007-1

Der Autor entwirft ein hellsichtiges Bild vom Problem und schlägt Antworten und Lösungen vor, die das Phänomen erfrischend unkonventionell und vielschichtig angehen. Gewalttätige Kinder, so Alan Train, brauchen – ebenso wie ihre Opfer – Hilfe. Train beleuchtet die Dynamik in der Familie und gibt aus seiner langjährigen Erfahrung praktische Ratschläge, wo mögliche Ursachen für die Gewalttätigkeit liegen.

200 S., 25 s/w Ill., DM/SFr 24,80, öS 181,- ISBN 3-89530-016-0

Eine leicht verständliche Anleitung, die es nicht nur dem Computerfreak ermöglicht, Kindern pädagogische Inhalte spielerisch zu vermitteln.

Neue Westfälische:
„Das Besondere dieses Buches ist der Versuch, im Gegensatz zu anderen Elternratgebern vor allem praktische Anleitungen an die Hand zu geben. Daß das Autorenteam dabei auch an einem Tabuthema rüttelt und Tips für Babys und Kleinkinder vorstellt, ist bemerkenswert."

224 S., 60 farbige Ill., 24,80 DM/SFr, ÖS 181,- ISBN 3-89530-006-3

Julei M. Habisreutinger (Hg.)

**Sendepause –
365 x fernsehfrei
und Spaß dabei**

BEUST Verlag

Norddeutscher Rundfunk, „Lesetip":
„Das Buch möchte Eltern und Kindern helfen, sich von der alltäglichen Sucht Fernsehen zu befreien und Alternativen zu finden."

Westdeutsche Allgemeine Zeitung:
„Viele der 365 Spieletips lassen sich buchstäblich aus dem Stand heraus umsetzen."

216 S., 83 Ill., DM/SFr 24,80, ÖS 181,-
ISBN 3-89530-008-X

Bildzeitung
»Mit diesem Elternratgeber sind Sie ganz schnell beim Thema und können bestimmen, welche Hard- und Software im Kinderzimmer künftig stehen soll.«

Süddeutsche Zeitung
»Hier erfahren Sie alles über den Computer, was Sie schon immer wissen wollten, aber Ihre Kinder nie zu fragen wagten ... mit Richtlinien, in welcher Dosierung und mit welchen Inhalten Eltern altersgerechtes Computerwissen vermitteln können.«

224 S., 38 farbige Ill.
DM/SFr 24,80, ÖS 181
ISBN 3-89530-010-1

Colin Webb / Wynne Rowe

Kinder entdecken den Computer

BEUST